Marcel Nuss

Les foudres d'Éros

À la Vie…

Édition : BoD – Books on Demand, info@bod.fr
Impression : BoD – Books on Demand,
In de Tarpen 42, Norderstedt (Allemagne)
Impression à la demande

©**Autoéditions – Marcel NUSS**
Dépôt légal : juillet 2022
Couverture : Jill NUSS
ISBN : 978-2-3224-3923-2

Le Code de la propriété intellectuelle n'autorisant, aux termes des paragraphes 2 et 3 de l'article L. 122-5, d'une part, que les « copies ou reproductions strictement réservées à l'usage privé du copiste et non destinées à une utilisation collective » et, d'autre part, sous réserve du nom de l'auteur et de la source, que les « analyses et les courtes citations justifiées par le caractère critique, polémique, pédagogique, scientifique ou d'information », toute représentation ou reproduction intégrale ou partielle, faite sans le consentement de l'auteur ou de ses ayants droit ou ayants cause, est illicite (article L. 122-4). Cette représentation ou reproduction, par quelque procédé que ce soit, constituerait donc une contrefaçon sanctionnée par les articles L. 335-2 et suivants du Code de la propriété intellectuelle

I
Les foudres d'Éros

Tee

Eagle sur le green de son île
sous l'évent d'échos ultimes
à l'orée d'un club qui swingue
sur le vallon tendre et déluré
d'une Vénus de novembre
en cet instant apuré où

    le feu d'Antarès foudroie le firmament
    d'une fusion frêle que fomente le temps

Sienne

et la Terre qui est sienne
    se coula
sur les galbes de la mienne
dans une tectonique d'apothéose
où les souffles s'entrechoquent en
l'aube virtuose de nos sexes ameutés
par une ivresse de Chianti qui ruisselle
entre ses flancs fertiles et charnus
Quels sont les desseins de la figue
qui lie l'étreint de ses sveltes
fourches d'airain au cratère
    satiné
      ?

Mythomanie

Les mamelles d'Hathor chatouillaient l'amour.
Elles couraient sur le corps d'Ovide en rut ;
leurs sens bramaient une ode chahutée
par le fascinus raidi qu'elle barattait
avec flamme, en des râles éperdus.
Tandis qu'il broutait rapacement
la fiévreuse savane d'Ishtar, lapant le
lait que déversait à profusion son antre
brûlante qui béait sans retenue. Et la triade
pialla dans les jardins torrides d'une Babylone
    aux sources du Nil et de l'Etna.

Quête

L'œil priapique fouillait
    les méandres de tissus
en quête de l'invisible
    des indicibles appas
        d'Aphrodite
des fougues de naguère et de toujours
    aux confins de l'Amour

Musique de chambre

Elle luth sur le do
quand la flûte trombone
son violoncelle effeuillé
par la lyre de l'amour accordé
au credo des clarinettes en crues ;
mais dès que tinte, dans le triangle,
le cri du cœur au creux du cor
humide et que les bongos d'albâtre
rythment le duo émotionné,
sans tambour ni trompette,
les mains déposent le feu
de leurs caresses épaisses.

Sonnet

Un matin de folle gigue,
un roseau flambant convola
avec une tendre figue
dans un pertuis herbu d'éclat.

Têtes en l'air, têtes en bas,
culs de travers ou culs en croix,
ils trémoussèrent leurs ébats
en froissements de chairs à joie.

C'était une églogue nue
où, dans cette vallée charnue,
se savouraient deux conques drues ;

bien loin des fausses vertus,
elles offraient, tout émues,
leur profondeur impromptue.

Bouddha sauvé des eaux

Je suis las
là de moi
la souffrance est un fait qui mène à l'être
non un bienfait qui ouvre les portes d'utopies paradisiaques
fi de l'ignorance
                    je suis fils d'absolu
mais l'absolu ne se trouve pas sous les sabots d'un cheval

Je suis là
à attendre sur un radeau perclus d'horizon
celui qui je n'arrive pas à atteindre
celui qui échappe à toute raison
que mon ciel intérieur déploie ses ailes

Aller au fond de soi
encore et encore
être est un puits sans fond
sur la margelle de tes yeux
où ma voix
                  au bord de la rupture
se tait et se brise desséchée par le temps des désillusions

Naître à moi-même
sous les larmes du forsythia
dans les eaux apaisées de tes cheveux
et élever mon regard
vers les saisons d'un cœur
                            accordé
à son Destin d'entre-deux-vies
                            qui s'ébat
sans gloire ni vain fatalisme
                            dans le Feu
des remords transcendés quand l'âme a mûri
                    ! enfin !

Ephéméride

Un forsythia pleure
Le flamboiement des réveils éblouissants
partout
        s'éteint
le jaune se fane dans un océan de verts
après
        s'être pâmé
dans des lits brunâtres et encore austères

Pluies de pétales
que le vent flagelle de giboulées
au souffle mélancolique
sur les soubresauts d'un temps convulsif
qui s'étale en nappe flétrie
        la lumière déchante
        par larmes agglutinées
        au milieu d'un enchantement de couleurs d'été

Ignorance

Que savez-vous des maux de Scarron ?
Ses doigts crochus qui griffent la chair ténue de l'air,
ses voluptés rabougries recroquevillées sur une douleur
amère.
Que savez-vous des jours sans respiration ?

Le corps reclus au fond d'un trou chenu.
Où les mots seuls vivent et font vibrer le sens de l'esprit,
par le cours d'un geste qui ne s'émeut plus guère d'être
prostré
                                            d'oublis.

Ô ce corps efflanqué de sentiments éperdus...

Et la peau qui chuinte quand suinte la nuit,
les mains percluses de caresses comme une plainte à vif
qui déchire l'inaccessible grâce surgie du puits,

l'ineffable velouté qui tétine les yeux de la vie
d'une détresse aux crissements désespérément incisifs.
Et la peau qui suinte quand chuinte l'envie…

Mais

Ceux qui ont plein d'amour mais
    qui ont du désir mais
        de la tendresse mais
        des fantasmes mais
        des soupirs mais
        des envies mais
        des élans mais
        des baisers pleins les lèvres mais
        des caresses pleins les doigts mais
        du cœur au ventre et le ventre dans la tête
ceux qui n'ont que des larmes pour rires de
    et que le rire pour ne pas pleurer sur
        pour ne pas crever si
        pour ne pas déranger quand
        pour ne pas tomber sous
        pour ne pas hurler avec
        pour ne pas désespérer par
        pour ne pas souffrir sans
        pour ne pas vivre contre
        pour ne pas cracher dans
        qu'en faites-vous ?

Stridences

La cabessa hurle à vide
des stridences subliminales
    le corps avide
de pantelantes bacchanales

et le cul en verre sur la queue en bleue

envers et contre nous
tout cet amour qui pulse
une répulsion de soi

                    et la bête occultant la charte

les reins se cambrent   la croupe s'ombre

la femme est l'origine de toute chose
en est-elle aussi la faim   la finalité
mystérieuse et mythique   n'est-elle pas
une énergie en mal de cœur déployé et serein

la plume pleure une joie éphémère
                              qui glisse sur les seins

Rapa Nui

Tous ces yeux impavides qui guettent les étoiles
que les nuits infusent sur une toile frangée d'écume
regards austères   corps arides sur terres à la dérive
au cœur de vagues pacifiques qu'abreuve le silence qui réfléchit

Et sur le Chariot de lumière
les ondes gynoïdes enflamment
l'épis engoncé dans leur gangue ovale
qui sillonne la nacre fluide et véloce de Vénus

Que ressent-elle sous cette caresse tendue
qui ruisselle entre ses flancs déployés
la croupe fendue d'un sourire ébahi ?

Et ses seins qui tintinnabulent une aubade diaphane
sous la voûte repliée de son buste astral à l'heure où la lune pâlit et ces yeux immobiles qui tètent l'indicible lueur de la nuit

Sans Dessous Folâtres

Inaccessible corps d'airain
à ses pensées de plomb
      il est des plages inabordables
        écueils de maux   récifs de doutes

où l'étrave entrave son allégresse
pourtant la volupté est là   veloutée d'ombres
émues   des seins teintent l'obscure complainte
du désir
tandis que l'homme-poltron ressasse dans sa mare
la fuite à Varennes   du temps où l'amour était
tout
où les illusions se mordaient la queue sur la bitte
qui retenait des rêves de grand large affectueux
l'homme n'était plus rien   en son for intérieur
qu'un succédané de lui-même   une chimère
désertique
à la peau affamée d'océan cannibale et limpide

et sur l'horizon blême des mamelles éructent
leur douleur

Exploration

et cette chair nacrée
qui lutinait la pénombre
de cauchemars d'amour
soyeux prélude à l'osmose
cette chair d'albâtre hâlée
par l'écume venteuse de
leurs cœurs-océan rompus
à l'amble d'étreintes nues
ralinguait mélancolique au fond de draps
froissés
par l'oubli de soi et la quête de l'Autre

Libertins

La vulve lascive gouleyait sous
l'étrave succulente d'une "pierre-d'amour"
à l'auvent gourmand de baisers
avant de plonger en sodomie par le sentier
charnu et délayé d'une caresse sidérante
à la crudité sidérale   que suffoquait
la configuration sublime de l'oubli de soi

sauvage savane lactée d'azur
où le cri tôt rit sur la vergue épanouie
    par les alizés du temps évidé
les draps bruissaient sous les crissements
charnels   elle avait des yeux de Tom-Pouce
en fleurs   et ses rondeurs fessues battaient
la mesure d'une étreinte libérée du carcan

          moraliste des impotents
            de l'amour

le plaisir est affaire de cœur et de respect
susurraient les délices du corps à chœur
        antique

je t'espérais tant et tant
              jour après jour
comme la voile implore le vent
              lorsque l'onde se
morfond
sous la caresse fatiguée d'une coque éplorée

amant déconfit
que le temps étreint
de son indifférence
au long des heures
sans vie
sans nuit éclairée
ni lumière ajourée
par le désir des
aimants emportés
sur leur bateau de
chair limpide
souquant fluide
de leur Sexe
affûté
par l'aube nue

je t'espérais tellement
          sans relâche ni détours

sur la grève morose et grenue
                                          de mes soupirs
  griffés
  par les désillusions d'un être en décomposition

    où sont les vices de toute vertu
    qui sait les vertus du vice
    geint le soupirant paumé
    perdu sur les rivages abrupts
    de ses émois ébranlés et
    affreusement sacrilèges
    la verge tendue sur l'horizon
    démâté de ses obsessions
    crachotant son désespoir
    d'errer dans des sens insensés
    où se fomente le pire de l'abject
    et le meilleur de l'amour
    Aimons-nous comme on danse
    désirons-nous de chairs gaies
    espéra-t-il encore sur l'île dévêtue

          car rien n'est plus difficile que d'aimer sans faire mal

Il voyageait en elle
l'esprit ailleurs,
la pensée chagrine.
Que restera-t-il après ?
Après l'extase enfiévrée,
la jouissance éphémère
dans cette coupelle savoureuse
et écumante de sourires ?
Que restera-t-il alors ?
De cet objet inanimé
suspendu à son entregent,
de cette déturgescence
encore luisante des
saveurs veloutées
de sa désirée ?
Que restera-t-il encore ?
De l'éblouissement des sens,
de cette goulée de plaisir

qui a fait haleter les yeux
au-dessus de ses seins
perlés de rosée et
doucement énamourés ?
Il jubilait dans les embruns
de son lagon ému,
de son orée frémissant
d'aises fébriles,
plein d'elle, de ses appels,
de son attente souterraine ;
il voyageait, frêle felouque
sur l'océan ondoyant qui
s'offrait à lui, se donnait
toute, appas au vent de
ses doutes. Il voguait en
elle, si plein de son aura,
mais l'esprit essoufflé
par l'angoisse du vide !
D'après.

De sa solitude d'homme
traqué par la fragilité
de ses désarrois infinis
de fécondateur indigent,
de mâle vain.
Et il pleura comme on
éjacule : d'un trait d'ambre…
au plus profond d'elle.

Hesed

sur le lac trouble de ses entrailles
Eros refoule sa culpabilité
dans un magma de songes abîmés
Hod boite dans le lit inutile
de ses ébats mensongers et froids

Quand éros bande vers les nues
trouées d'étoiles avinées et rauques
le sperme hurlant de ses pensées rêches

se replie sur soi-même   comme se replierait
une feuille sur sa douleur   phagocytée par la vie

il bande en rut de ses vagabondages
hagards   vagabond à vif et aphone
que la turgescence perfore de la tête
aux pieds une érection ne serait-elle
qu'un cri d'amour étouffé dans l'être

ou dans l'âtre
du désir
ému par
les seins
de l'Absolu

?

Entre

Entrelacs de nos chairs qui se languent en
Entrechats ingambes et véloces   dans un
Entretien de bouches fébriles qui se pourlèchent l'œil à cet
Entremet d'outre-cuisses   que fabulent nos stances inspirées par l'
Entretoise ingénue qui s'émeut dans la faîtière ébahie du gazon soûl

Entre nous l'écume fait saliver l'orgasme d'une apothéose égrenée
Entre toi et moi   telle une sonatine fauve frémit par un lingam qui
Entre en toi en goulées sublimes au faîte de la futaie éployée sur l'
Entregent volubile des amants
Entre chien et loup

A Julie et Mélissa

Colère

L'inhumain   l'inexcusable
acte immonde et méprisable
de ces bandeurs déments
qui violent des enfants
inoffensifs   les achètent
ou les raptent sans âme
pour en jouir sans honte
à l'abri d'un monde trop
    conciliant

Ces tueurs d'innocences fragiles
à la conscience assourdie
et affamée de plaisirs
débiles   brisent des vies
sans défense ni force
leur volant une conscience
à jamais blessée   salie
dans l'essence de leur être
    en devenir

Ne touchez pas à la fleur de l'humanité !

Silence

et la peau bruissait de chuchotis aphones
froissements de chair   crissements de soie
que leurs lèvres humectaient de baisers affriolés
telles des lianes d'ombres effilées   des langues
d'ambre sombres comme une polyphonie nocturne
qui les allongeaient avec volupté dans une écriture silencieuse
où le verbe est chair et leur corps un vocabulaire inépuisable
sur la carte du Tendre   il n'était rien sans elle qu'un orgasme sec
un balbutiement de l'esprit et des mots sans suite
Elle était son prolongement insécable

la source de son inspiration   de son désir et même de sa vie
                    Elle était sa libido
et dans la douce confidentialité de son être effeuillé
il éjacula une floraison de vers intimes et
inquiets aux allures de prières d'amour

Volcans

I

Volcan atteint qui crachote sa peine
           jours de misère nuits de diète
                    au plaisir amer et harassé
les contreforts diaphanes ne se réjouissent plus
des caresses passionnées de Vulcain
           il est des jouissances abyssales
                où plonge le désespoir
                        et
           ces cendres qui encombrent
               la mémoire des sens
                   constipant le désir
Mais que sont les misaines abattues par l'haleine
     tendue de mains gercées d'amours
               incunables et saturés ?

II

volcan rouge   cramoisi
                              d'extase délayée dans
la lave lascive d'une Vénus de feu
                                        qui
débordait de ses rives
sous l'ondoiement viril d'un Phallus erectus
                    carminé d'écume
l'aube était flamboyante
comme une rose épanouie
par la nervure des jours
                    et
     il semblait que la chute de ses reins
           déployait ses charmes charnus

en volumineuses délectations
sur l'horizon entaché de joies
évanescentes
l'homme n'est rien sans la femme
sans l'aval grisant de son désir occulte
où se mêlent le rouge du sang et le noir de la Nuit

Physique quantique

Un corps céleste, dans un champ stellaire, ovula d'une lumière corporelle à flots d'infini. Particules d'émois dans l'Arbre de vie, le lit des astres embelli de murmures de soie bleu nuit, tout ici se réplique et s'implique. Au sein mordoré d'un voile de poussières allègres tremblait la présence de l'oubli de soi, et, fécondant leur Désir, les univers parallèles parachevèrent leur fusion. Un soupir d'aise frémit entre les étoiles. De la vulve cosmique frétillait une saveur d'éternité. Et le crépuscule phallique irradia l'horizontalité mouvante d'une nuit en pâmoison.
La lune est à la dérive des sentiments derrière la frondaison du temps, grisée par les ondulations d'un vent émérite. La relativité n'est-elle que dans les gravitations du sens en mouvement ? Jouir de ses re-création continûment. Et embrasser l'élégie de son cœur, l'éloge de sa chair à bouche plutonique et vers platoniques.
L'Amour est un sein offert, intarissable.

Pizzicato

D'un coup de rein
pénétrer la jouissance
dans le tréfonds
de sa chaleur gouleyante
gicler à grands vibratos de
gland dont l'ardeur
luxuriante
s'ébaubirait
en palpant l'amont et en toisant l'aval
ah baguenauder
dans le lit vermillon

qui brasille
et suinte
du numineux
dans un galimatias iconoclaste
le cul au vent
et
la verge autant
pendant que la fleur soupire
en câlinant l'ovale diaphane
de ses seins

Turlupin

Le cul en éventail
le vit en bataille
tringler sans faille
en un fond sans bail
Foutre à tout-va
le gazon d'Emma
à coups d'éclats
lisser son grenat
Il est des rires ronds
des élans polissons
au creux du con
rouge mirliton
Il est des glands
de fols amants
rogues et savants
qui rient le temps
Ah bois le suc blanc
belle d'antan
et souque ton évent
à tous vents.

Tourterelle

Ma belle tourterelle
dans la margelle de ma main
couche ton sein endormi
sur un écrin épanoui
et mes baisers qui t'égrènent
sans l'ombre d'un remords
et tes doigts qui m'accordent
aux soupirs de ton corps
en veloutant ma verge
à la volupté incarnate
de ta paume qui tète
un tendre émoi

Sculpture

J'ai le cœur en Satie
avant la pluie
                une agnossienne me harcèle
                dans la gymnopédie du temps qui
passe
      si j'avais un corps
                à la Ousmane Sow
    je serais beau
    je serais vrai
et je féconderai la vie
        d'un phallus de lumière
et j'ensemencerai l'amour
        d'un sexe d'âme

Anthropométrie

Mon esprit papillonne sur les contreforts
                de la non-vie
  je suffoque
        dans mon corps
               en lambeaux
    d'inappétence

Go more Sodome
dans les annales du corps
rap   rap fort
entre les hémisphères
les grelots ballottent
bibelots barbus
près des poils ténus
d'un cul

Folie douce

Les fous fument
une fumée de maux
ils clopent
clopin-clopant cahin-caha
sous le pin ensommeillé
à l'ombre du soleil et des mots enfumés
ils fument pour oublier la foire dans leur tête
la flamme sous leurs cheveux
ils fument pour apaiser le vide et divertir le trop-plein
ils clopent la vie qui les oublie au bord d'une douce
folie
d'une folie d'amour incompris
inassouvi   inabouti   inaliénable
sous les pavés la sagesse des cœurs
trop lucides ou trop sensibles
le cri des corps pleins de bleus ou de rouge
de gris ou de noir
de corps à vides et d'esprits avides
aux sourires si doux et aux iris si nus
Derrière mes mots n'y a-t-il pas ma folie qui frémit
en porte-à-faux sur le Sens
qui résonne encore et encore
dans l'antre de ma mort
le silence de mes mots ?

Schizophrénie

Elle est belle
elle est douce et frêle et fragile
si fragile
la tête en sursis   le sexe endolori
elle cogne   elle griffe   elle cale   elle coule
elle coule
dans les méandres de sa survie
le regard blême et le corps vague
elle hallucine sa mort
au bord de l'Amour
dans l'Oural de ses maux aphones
d'angoisses
et de Vie
Elle est double   elle est trouble
aux confins de l'esprit
elle est floue   elle est clou
à l'orée de la raison
et
pourtant
elle est belle et douce et frêle et fragile
si fragile
lorsque ses lèvres sourient
hagardes et usées de se sentir de nulle part

Songe

La longue langue longe la tige
large et ludique qui louche vers la bouche
lisse
songe au firmament englouti par la nuit
dans une effervescence d'étoiles
songe
La langue languit la lagune rougie
par la liesse langoureuse qui lutine sa savane
lustrée
songe à la tige engloutie par la savane
dans une élégance vespérale
songe

Deux luths légers luttent dans un corps-à-corps
lubrique où se lève lucide un bonheur
logique
Songe ou mensonge ?

Divagation

La main sur le soleil, le sexe sur la lune,
le cœur déambule entre le sens et la chair.
Il flâne, il batifole, il butine sur le dièse et le bémol,
il caracole, le rire plein d'alcool,
sous la ligne de flottaison d'un formol mollasson.
Le sein en son âme formule des pensées formelles
sur son homologue le cul qui trotte menu.
Je divague.
Je vague sur le flux à flot, le flou à feu
de mes mots.
Le soleil se lève, la lune se couche.
Ma bouche sur ta bouche, depuis longtemps, n'y
est plus, ne sait plus le goût qui remue.
Je ne pleure pas, je ne pleurerai plus,
le bonheur tue.

Rengaine

Livide
le paddock plein
couine sous la gouine et le maquereau
La vie est un terreau
une soupe de maux à mots
qui dégouline sur le bonheur
Avide
le cœur plaint
les amours sans lendemain
Le temps est une rengaine
un chaos de peaux en pots
qui soupire après tout

Rompre

Rompre avec la monotonie du temps
rompre   encore et toujours rompre
pour aller plus loin
pour vivre mieux
ne pas crever dans un coin
ne pas s'amouracher de soi
vivre a un prix
aimer a un poids
et jouir de la vie est une croix
Pourquoi ?
La nuit noie le jour
le sang s'aigrit
pendant que le temps court
rompu à toutes les misères
de l'univers

Homélie

Quand j'évoque ton corps j'invoque l'amour
quand je convoque l'amour je provoque le désir
le silence est équivoque et la parole univoque
Que voguent tes baisers sur mes vagues meurtries
je crois à la vie
et puis
?

Crève

Froid-de-Veau sur son destrier monte à l'assaut du sanglier
sanglé dans sa cirrhose de larmes
il clame   il proclame   il déclame
et   comme un dard   il plante sa lance
dans la permanente de l'ennui
Nantes n'est pas loin de Paris
mais où est la Gare
il n'y a plus de baisers au guichet
Froid-de-Veau fait la grève
pendant que son destrier crève

et que le jour s'achève
Où va la vie
Dieu seul le sait

Berne

Raides rides   rude rade
le cœur est en panne   le corps est en peine
l'amour se dégrade   la rancœur gronde
la queue se flétrie   le con se dessèche
l'âme se blesse sur la ronde des mots
à l'heure où la détresse rôde
quand couvent les feux d'Éros
dans un bonheur d'apocalypse

Amours

Le roi est un rai ni nu ni né
il pond et pend un point qu'il peint
sur un sein avec soin
Est-il sain ?
Peu importe il emporte
son grain sur son groin vers la crique
où il craque et croque la nuque qu'il nique
avant d'aller sur le mont qui ment
un mont qu'il lime de sa lame
quand naît la nuit
Remarque comme il remorque sur un lit
son lot de fans pas fins
gros gras et gris qui feulent et foulent
le feu de ce fou
il fuit et fait des tuiles de ses toiles
d'amours sans atours

Doutes et certitudes

Les bonheurs inaptes sont ineptes
ils blessent les tréfonds de l'ancien port
là où sous la corniche dort un corps
dans les entrelacs d'un doux adepte
corps de marbre blanc de fraise des bois
corps en croix corps en peine dans les faims
de la nuit dans les plis nus de ses seins
où couve soudain un amour de soie

Si demain tu ne m'aimais plus je crois bien
que je briserai l'ennui qui me tue
dans l'onde claire d'un bonheur perdu
à l'heure où poissent les petits riens
Tes seins sont bleus sous le feu de ma main
car sous l'aube grise d'un joug trop long
ton sort est glauque comme un chardon
Et si hier était un autre demain

Et si sur la cime pure et drue
à l'ombre d'un olivier fatigué
subitement une idylle élaguée
renaissait de ses cendres éperdues
La sérénité coule à l'orée
des cœurs épris d'un amour infini
dès que l'horizon de nos lèvres rit
sur un baiser que jamais vous n'aurez

L'anguille et la mule

Une anguille frétillait sur une mule
une mule rêche qui attendait que l'anguille sèche
qu'elle cesse de s'agiter   de brasser de l'air
          de faire du vent à tous bouts de champs
autour de ses oreilles pointues d'équidé buté
qui rue à la moindre contrariété   au moindre dérangement
La mule est molle et l'anguille électrique
l'une s'affale quand l'autre s'affole

Sur le divan de l'école des paresseux
elles se chicanent   s'excitent
se chipent et se chopent
puis se crêpent avec le même allant qu'elles rient
Ainsi va la vie au pays des sans soucis
tout leur passe   rien ne leur pousse
si ce n'est des poils dans la main et
des poux dans la tête
l'un se noie   l'autre s'enlise
comme la tour de Pise
Mais le bonheur est partout
même dans un trou
lorsqu'on est une anguille et une mule
dans une bulle de pantoufles
gaies

Tom

Tout au fond des yeux est l'amour
Houle du temps qui va
Ombre des bonheurs trop courts
Même si tu es là
Avec ton cœur sans détours
Sur le fil frêle de nos émois

Panne circonstanciée

Le gland déprime
mou sous sa capuche il s'incline
il plie il ploie
et se rétracte
sa tête le lâche
ses sens se noient
le désir crève d'avoir trop soupiré
le désir choit d'avoir été mal assimilé

Les silences du corps
révèlent les bruits du cœur
à moins que les bruits du cœur
ne génèrent les silences du corps

Où est l'homme
désabusé par les métamorphoses de l'esprit
l'homme à la quête de soi
qui a perdu son allant
dans les banlieues de l'amour
le rut est essoufflé d'avoir mal baisé
il se débine et se déballe
sur les pavés du mal-amour

Les silences du corps
révèlent les bruits du cœur
à moins que les bruits du cœur
ne génèrent les silences du corps

Il baisse les yeux et regarde ce qui n'est
plus lui   ne l'a peut-être jamais été
il ne voit que l'absence   le silence des sens
que le désir ne nourrit plus
que l'amour ne sème guère
la vie est fatiguée d'exister
et distille un sentiment d'impuissance
au regard qui débande
sous les relents d'une déprime
rugueuse

Dunes infinies

Infinies   les dunes roulent
et soûlent la peau
dessinent le regard
ondulent la caresse
Il est un grain à la saveur crue
un grain de folie douce comme le silence qui
nous ravit sous le flot des étoiles

un grain de vie à la chair ocre
à la chaleur nue
          que l'homme fredonne

Inlassable   il sillonne la houle
il sonde   il fouille les plis qui s'écoulent
jusqu'à l'oasis du Sud
où s'allonge le temps
Là il plonge dans un songe
par la porte de l'Orient
où un simoun l'emporte
vers l'oued d'amour   au cœur
de corps de sable
          que la femme adoube

Une tempête se lève
              et
                  gomme le rêve
D'un souffle piquant

Désert fertile

Femme   désert fertile
source qui coule sous les dunes
Silence des profondeurs
harmonie mouvante des courbes de lune que le vent module
              d'un amour modèle
sous les alizés d'un regard d'homme bleu

Cantate de sable aux confins de l'infini
fascination de l'esprit au cœur de nulle part
Ici et là-bas   partout à la fois
l'âme s'émeut sur les galbes caressants   des corps
alanguis
              sous le soleil de minuit
à l'heure où se dénudent les dunes

Si

Si la mer était de sable
le sable de l'eau et l'eau aride
Si la femme était de feu
le feu de l'amour et l'amour avide
Je crois que je serais
        heureux
Si le temps était à toi
toi à moi et moi un doux aveu
Si le désir était de lumière
la lumière de l'ombre et l'ombre bleue
Je sais que je serais
        affranchi
Mais la mer est de plomb
la femme d'argile
le temps à personne
et le désir aphone et à flore
D'où un sentiment de
        malheur

Le temps flippe

Le temps flippe sur les flops de l'âge
il flanche au sein du sillage ridé des corsages livides
Dans la rue gravide l'espace ploie
sous les bonheurs figés de regards vides

Où vas-tu toi que je ne connais pas ?

Par quel miracle claque ton cœur sur
la vitre blême du désir ?
Où est le plaisir d'être quand le corps givre
la mort dans l'âme ?

Les questions s'enchaînent
les doutes s'enflamment

L'avenue évide le silence

d'un coup de blues

Où vas-tu toi qui es moi ?

Le temps frappe sur les trappes du devenir
il sait que demain peut mourir
aujourd'hui
ou les affres d'hier
dans les apartés du cœur
et les faubourgs du corps

Où vas-tu toi qui m'échappe ?

L'esprit élude les non-dits
le regard fuit la non-vie

Le temps suit son cours
        indifférent

Le ver est dans le fruit

Ni vu ni connu
pas dit pas su
la vie m'a vomi
sur une grève crevée
Priape est mort d'avoir été nié
Priape a été tué par trop de non-dits
il se noie dans sa nuit sans fond
impuissant à aimer l'innommable
à exprimer l'insupportable
la laideur l'a lâchement laminé
sur le fronton des exclus
inclus dans le silence
des bonnes consciences

Priape s'est tu
sous l'œil pervers
de ceux qui l'avaient déporté
vers l'oubli
dans un champ de ruines

à feu et à sang
un corps d'amour qui bruine
d'être vivant
pourquoi Priape pleure
puisqu'il respire encore
il a le gîte et le couvert
dans un monde amer
où son être s'affole

De quoi se plaint-il
il vit comme il peut
il peut comme il veut
mais il en veut trop
trop d'amour et de tendresse
trop de vie et d'écoute
que Priape se taise
pour ne pas blesser le silence
qu'il garde ses pleurs
au nom de la pudeur
qu'il garde sa peine
pour le fond de lui-même

Priape a mal
il débande à part
dans un monde hagard
où il rit comme il peut

Ainsi soit-il

Foutre

Foutre le camp par-delà les apparences
foutre le con cul par-dessus tête
à coups de jets foutrement bons
et s'en foutre plein les vers
pour faire gicler les maux
sur le buvard de l'esprit
qui suinte

y a plus de foutre dans la poutre
plus de poutre enflammée

y a plus que des loutres crevées
dans le train des aliénés qui passent outre
tombe

Baiser le temps
quand la mort rôde sous le chapeau
de l'homme d'avant
un déluge de luges d'argent
dans le cœur
Baiser sans queue ni tête
le corps vide de sons
et de soi
de sous et de sûr
là où tout est blessure

y a plus de foutre dans la poutre
plus de poutre enflammée
y a plus que des loutres crevées
dans le train des aliénés qui passent outre
tombe

Baiser d'amour
quand l'amour cule
sur un bonheur qu'enculent
les rires gris de la vie
et chevaucher ton corps
comme une bête aux abois
pour renaître en toi
à l'aube de l'*homo erectus*

Béatitude béotienne

La vie est un palimpseste
jour après jour les jours s'effacent
pour se récrire à contre-jour du temps
à contretemps de l'amour
vague après vague les corps se disloquent
sur la grève d'une vie qui dessine la
concaténation d'un destin à fleur de cœur

à fond de cale

Le bonheur est un pétale sanglant
le silence m'éblouit
la mort m'inspecte
dans un enclos de cœurs circonspects
quel est cet œil qui me guette
me juge me vilipende me blesse
et me décime
de son amour blême ?

Je vis dans les limbes depuis que je suis né
entre ici et nulle part
toujours et jamais
demain et tes pleurs
lorsque nos regards seront déblayés
je vivrai partout
je serai l'amour
je rirai l'à-venir

Dans une béatitude béotienne

Calligraphie

Entre nuages et pluies
bambous et lotus
motus et bouche cousue
le fleuve Amour rit
Ses vagues mordorées
s'enroulent et s'envolent
en brumes de vie
que l'azur avale
sous la fertile moisson
d'un humble désir
Que le temps berce
loin de toute anomie

Orient

Le bourdon butine
La fleur de pêcher ouvre ses pétales
deux ailes écarlates épanouies et humides
qu'avec ardeur la poudre de jade écarte
pour humer les effluves saturées du
calice amoureux
Les prunelles brillent
La tige de bambou lape le lac de feu
bouillonnant de saveurs lascives
qui chantent l'amour d'oiseaux
ludiques nichés au cœur
d'eux-mêmes
Le yin et le yang s'inspirent
Il faut acheter de la soie
à l'heure où le Lapin de Jade
dans un va-et-vient ardent
les aspire et les dilue avec
langueur et joie
Le bourdon satine
La fleur de lotus coule en aval
du désir d'être entre toi émoi
nuages et pluies de printemps
dans la rosée des matins
d'amour heureux

Pudeur

La rue   nue
les yeux de l'enfant s'articule
sur la tresse d'eau qui coule
limpide comme le cœur de la vie
avant de l'éclabousser avec grâce
Le bonheur est un horizon immaculé
suspendu entre ciel et terre
sous la langue d'une jatte qui lèche
un dos de velours gris dans
   la rue   nue
       qui rit

Suh-Lian

Pur lotus
lueur asiatique loin de la Belle
cymbale farouche à la sonorité d'ambre
le sourire fluide comme le Choshui hsi
le regard droit comme le Yushan
tu conquiers le cœur d'un errant
frêle et doux
dans les bras du vent
qui fredonne l'art de la vie et des sens
sur un lit de soie
De son accent guoyu
la Jinmen a séduit
une place de la Concorde virile
...

Enfant du Corbeau d'Or Levant
à la grâce universelle
et au galbe formosan
l'amour est tropical
à des lis de Taipeh qui grouille
avec bonhomie
pendant que tu vis entre deux
sourires d'anges et les bras du Coq Couchant
qui quête ta connivence
avec une âme d'éternel adolescent

John

Céline au regard doux
perdu où
éperdu de quoi ?
Avec ton sourire qui joue
comme une promesse de "si"
une promesse à qui ?
Céline sépia Céline joie
le pinceau t'a croquée
en pleine beauté

Céline éphémère Céline éternelle
la main du peintre t'a choyée
pour t'offrir à mes mots
comme un fantasme ineffable
qui coule entre lui et moi
tel un sourire amoureux
d'une nymphe inaccessible

Je flotte

Ton corps a la saveur de la maturité
ton sein le chatoiement de celle qui a subi des naufrages
des douceurs sans illusion et des affronts pleins d'élisions
tes seins virgulent ma bouche et ponctuent ma langue de leurs
sourires
tes seins m'apostrophent et me réjouissent inlassablement
*JE FLOTTE SUR TOI JE FLÂNE MA JOIE DANS
L'APOTHÉOSE DE NOUS*
Ton clam proclame l'amour que déclame
ton con qui acclame le ressac de ma lame à fleur d'âme
les échos de nos sens bruissent à l'orée de l'absence du moi
d'abord toi avant tout moi ensuite dans la chaleur du cou qui
s'acoquine
avec ma bouche et ont des relents de pastorale conquise
*JE FLOTTE EN TOI JE FLÂNE TA VOIE DANS LA
LOUANGE DU NOUS*
Tes fesses roulent sous mes lèvres drues
et arrondissent le silence qui enveloppe nos corps doux
d'une lumière d'hémistiche sous l'hémicycle de tes reins écrin
la nuit nous éclaire le jour nous étend et l'aurore nous échoue
sur l'étang
de nos émois qui bouillonne d'effluves câlines et nues
*JE FLOTTE PAR TOI JE FLÂNE NOS JOIES DANS L'ÉLOGE
DU TOUT*
Le corps se déploie les seins s'élancent
les fesses s'écoulent sous la houle qui s'enroule autour
de mon sybarite échevelé le temps se métamorphose en une
mixtion siamoise où nos chairs se pavanent le souffle
époustouflé et court
sous l'auvent nu et brûlant de toi sur moi en joie

Kosovo

Le loup dans sa tanière,
cynique et sans manière,
croque, plein de rogue mépris,
des kosovars nus qu'il vomit.
Pendant que les durs acerbes
— l'éléphant avec sa superbe
et le coq sur son clocher mou —
rugissent tels de tristes poux.

Ils vont le mettre à genoux,
lui faire plier l'échine
à ce vile malandrin fou,
ce rustre couvert d'épines.
À coups de bombes et de mots,
ils vont montrer qui gouverne
à ce rastaquouère falot,
ce Lucifer qui les berne.

Mais l'éléphant est bravache
et pour le coq point trop n'en faut,
ils entretiennent leur ego
tout en étant plutôt lâches.
Tant pis pour tous les innocents
que les bombes ne discernent
pas et que les chacals cernent,
la rage au cœur et aux dents.

Pendant ce temps, le loup assis
dans son bunker, bien à l'abri
des aboiements de la troupe,
se grise de ses entourloupes.
Ses moutons sont si dociles
et ses ennemis se bilent
davantage pour leurs galons
que pour quelques pauvres Gnafron.

Un jour, c'est juré, ils l'auront,
ils le lui feront ravaler

son mépris de tyran hâlé,
Jamais ils ne le lâcheront,
c'est une question d'horreur
et d'orgueil pour ces fins rhéteurs,
ces durs de la démocratie,
ces rats de la bureaucratie.

En attendant, il rit toujours,
noir, jaune, gris, et sans rougir.
Sans fard, il mitonne le pire
loin de ces cris qui rendent sourd.
Pendant que le poète écrit
des mots qui se font tout petits
face au dépit des kosovars
pris entre le cochon et le lard.

Ils n'ont plus

Ils n'ont plus que leurs larmes pour pleurer
ils n'ont plus que leur corps pour marcher
Ils n'ont plus rien
que la haine des serbes qui les ont ravagés
et le dédain de ceux qui les y ont aidés
C'est si facile de jouer les matamores des airs
en laissant libre cours aux massacres sur terre
si facile de faire les fier-à-bras sans se salir les doigts
dans le cambouis des rancunes sanguinaires
si simple de plonger à coups de bombes des êtres
dans les ténèbres d'un autre monde dans la misère
d'un autre temps
De quelque bord qu'ils soient ce sont toujours
les plus innocents qui trinquent sous l'indifférence
hypocrite des tout-puissants
Il faut avoir le courage de la paix non la lâcheté pour
la forme ou alors on se tait et on contemple
les carnages sans vergogne

À Annie Dehaye

Radio

Dehaye en haie
fugue le furet
D'une voix d'allegro
ma non troppo
elle glisse sur les ondes
vers des yeux qu'elle inonde
d'une malice de guitare au bord du Gard
ou de l'Amour
Radio de toujours
      Nadine de mots
              le cœur plein de miel
et d'un sandwich s'il le faut
              dans un monde plein de fiel
Ainsi va Dehaye en haie
la fille des airs
d'une voix qui séduit
les cœurs en quête d'ailleurs

II
Outre-moi

Mourir n'est rien

Mourir n'est rien
vivre est pire
dans le chenal de nos utopies
Se forger un horizon un tant soit peu dégagé
se confectionner un avenir sur mesure
dans le tissu de nos aptitudes
et mourir le cœur léger d'avoir existé

Mourir n'est rien
aimer est tout
mais l'amour n'est pas dû
il est don
un don si aléatoire qu'il trébuche sur les aspérités du temps
et se morcelle dans un regard qui s'éteint
sous la morsure de jours blêmes

Outre-moi
la nuit étend ses tentacules sur mes tentations d'amour
je suis au carrefour de l'impossible
qui me dira la voix de l'espoir qui sourd
dans la cour de mes attentes étreintes
Elle a des yeux de velours

Marie

Ton regard qui me braise
ton regard d'astres éblouis
aux confins d'une errance qui cherche sa vie
ton regard qui me chemine
au gré de ta main

qui es-tu femme surgit dans mon destin
et ton sourire d'obsidienne
et tes chagrins d'outre-vie

Il est des accidents exquis

sous les tropiques
de l'oubli

Je t'aime Marie-laine
je t'ai vue et
n'ai cessé de palpiter
que je te touche des yeux et
mon cœur s'envole

mes mots s'enchaînent
j'ai peur que l'amour nous tremble
j'ai peur que le bonheur nous ressemble
J'ai peur d'être aimé

Libre

Libre sur les vagues du temps
ivre d'aimer
des sourires d'aurores
la lame des jours entre les dents

libre sur la lave des vents
je lève un magma d'iris lumineux
vers le ciel d'un avenir généreux

le torrent chamade au rythme
de sentiments en escapade
tandis que tes mains butinent
en une osmose d'oratoire

Ode à elle

L'onde fluide de sa paume
longe l'orbe de ma jambe
le bonheur déborde sous ses prunelles étoilées

j'aime d'amour
dans le lit des jours

j'ai mal
Dieu
j'ai mal d'aimer l'espoir
de renaître à rebours
quand l'onde plonge dans la nuit qui sourd

le soleil m'abrase de sa perplexité
dis
est-ce que je manque de sagacité
tu sembles si douce pour chérir un arbre blessé

est-ce la lune qui t'a enfantée
un soir d'âmes égarées
la vie griffe la page de nos bonheurs écrus

En silence
je m'interroge sur le cours étrange de nos cœurs
en partance vers un ailleurs
j'ai peur de meurtrir la soie de son esprit en fleur
elle n'est qu'un oiseau perché sur ses écueils
j'ai peur de cueillir l'aube qui l'effeuille

Pourtant
une lumière rit
en notre for intérieur

Elle se dénude dans le lac embrumé de ses pensées
elle se dévêt sous le regard distrait d'une lampe sans voix
elle se dépouille sur la frondaison d'un crépuscule qui bascule
Son corps fondu dans la lumière
ses seins n'osent pas rêver
son ventre frissonne des cauchemars d'hommes
la vie est comme un saule châtré
faut aimer pour pas crever
telle une âme en peine de soi
amarrée sur son radeau bleu-nuit
que la douceur déchire d'air pur
en mettant les cœurs à cru

Marie

Marie comme un cri dans la nuit
je pleure sous ma couette
où le tant me jette
en attendant
que son cœur décide où
asseoir ses rêves enivrés d'ailes
Marie le phare de ton regard est loin
du crépuscule de mon jour
qui s'éteint dans l'absence de ta voix

en attendant
que tes larmes ensemencent les berges
d'une oasis endormie en elle
Ma main frémit encore
sous l'auvent de la couette
au souvenir de la sienne
pareille à une caresse de gitane

Lassitude

Je suis las d'exister
d'être moi
d'être toi
d'être vous
d'être nous
d'être tout
d'être rien
d'être fou
d'être foi
d'être espoir
d'être à croire
d'être à désespérer
d'être handicapé
d'être vivant
d'être pensant
d'être disgracié
d'être humanisé

d'être aimant
d'être mutant
je suis l'amour qui croît
au fil de ses doigts

Papillon

Une belle de nuit
apparue sur mon layon
d'un élan d'élytres délicats
a fracassé la prison
de ma lénitive oraison

Indécises meurtrissures
elle volette entre mes branches défaites
indécise affection
elle câline l'ardeur de nos échos

l'amour me butine du regard
et se pose sur un cœur hagard
ses prunelles me cherchent s'échappent et s'envolent
vers une vérité irisée de doutes qui l'affolent

ouvrir la cage de sa liberté quand le bonheur a trépassé
papillon qui m'a épinglé
quel est ton horizon de vie
toi qui d'un souffle as engendré l'envie
d'enlacer ton cœur et d'y coucher mon épaule
afin que le temps boive nos paroles
sous des astres délavés

J'aimerais tant aimer
sans condition
   aucune

Doute

Je suis las de me blesser aux épines de l'amour
la chair engourdie par les détours de l'esprit

désirer est-ce une infortune
au clair de la Terre

désirer la vie pour qui
désirer une femme pourquoi
désirer l'amour comment

elle a rallumé le feu sous ma cendre
de chaos humain
un cœur sans corps un corps sans flamme
une âme égarée

je suis las d'espérer toujours
qu'ai-je donc à donner en retour
mais j'aime tant l'aimer
j'aime tant prodiguer ma liberté

Mary ritournelle
je ne pense qu'à toi
qu'ai-je à tant t'aimer
toi qui m'ensorcelle
de ta voix brisée
Mary ritournelle
ô mon hirondelle
pourquoi tant d'émois
entre toi et moi
enveloppe-moi
Mary ritournelle
ma si douce belle
dont les rires chancellent
les vagues à l'âme
de nos frêles rames

Âmes sœurs ?

Sur la grève des jours
s'esquisse un amour
elle est belle à contre-jour
elle est belle toujours
ses yeux m'irradient

tel un soleil de minuit

sur la frange des jours
elle caresse avec tendresse
la géographie en apnée
d'une chair mortifiée
par les mutismes du passé

sur la rive des jours
fleurit une pensée nubile
qu'allaite un firmament gourd

Où es-tu ?

Cinq jours déjà
que le ciel pleure ton absence
le plafond est bas depuis que tu n'es plus là
pourtant
dans la maison
tout me parle de toi

te souviens-tu
assise en face de moi
si près
si près et si loin à la fois
cinq jours déjà
que je t'étreins tendrement

je n'attends guère de toi que ce que tu me donneras
je n'attends que toi

Petit matin

Petit matin satin
sur le mur se mire une lumière d'avenir
le printemps se glisse dans la maison.

Embrasser les ourlets de sa voix
déposer mes lèvres sur l'aval des siennes
quand souffle la chaleur de ses prunelles.

Petit matin satin
sur le mur se mire des reflets de soupirs
le printemps se glisse dans ma raison.

Étreindre les courbes d'un sourire
caresser les galbes de son être
d'un regard qui chavire sous l'horizon.

Petit matin satin
sur le mur se mire tant de souvenirs
le printemps se glisse dans nos saisons.

Embrasser sa main qui hésite
composer un amour de simples frissons
car le temps n'est pas une prison

Entre ses doigts

Dans son bain Marie
égrène les soucis de la vie
qui coule entre les doigts
de son cœur
en battant la ferveur du devenir

ses seins lichent le fond de ma pensée
et allaitent mes mots
à la surface d'un bonheur

l'onde cajole son ventre affamé

je suis le spectateur du péché d'exister
tel un cygne partant pour l'alcôve de sa conscience

Dans son bain Marie
chantonne
l'eau entonne une appassionata
sans parole

l'amour est un alcool que ses mains aréolent d'espérances

plonger dans son univers
et longer sa fleur ouverte à la mer
afin d'y cueillir le sens du jour

j'aimerais être un marin solitaire
entre ses bras au long cours

Fusion

Nos corps émotion
vibrent à l'unisson
de nos âmes retrouvées
je t'aime Marie
je t'aime tant
mon volcan de douceurs

que ton absence est lourde
les nuits sont sans fin
les jours sont trop longs

ma chair te soupire Marie
comme l'océan chante le vent
je t'ai en moi je t'ai en nous
tu es si loin tu es si près
que j'en suffoque de vivre
loin de tout

tu me manques Marie
mon refrain de lune rousse
ma princesse tibétaine
mes pétales défaits n'aspirent qu'à toi
à l'harmonie de tes doigts

le soleil est froid sans ta voie

dehors
le catalpa n'attend que nous

exister est un Himalaya
lorsque tu n'es pas là.

Promesses d'ivrogne

je t'abreuverai
d'amour
dans la cour de nos émois
puis
je boirai tes attentes
telle une offrande à tes envols

dans le jardin
le vent caracole

Je t'espérais tant
que le temps nous a conduits
à la lisière d'une vie
où
nous serons conquis
par des accords épris

entre tes bras
l'amour est une eau-de-vie

Ivre de toi
je t'appelle des nuits entières
dans la solitude de mes insomnies

mon étoile du soir
ton manque m'engloutit
au fond d'un trou noir
que l'amour a proscrit

une cigarette fume
dans le nid de ma tête
ton absence me noie
sous ta présence continue
mais tu es si belle en moi
que le temps m'indiffère
parfois

chaque jour qui passe
est un jour qui nous rapproche
de nos rires sous le catalpa
chaque jour qui passe
me rapproche de tes bras
sous le Ciel qui nous couvre
de soie
je sais que tu viendras
sur un nuage de brume
et que le temps
nous intronisera
dans le recueillement
d'un temple de Lhassa

Effusion

Mes lèvres sur tes seins
ta main sur mon corps
mes lèvres sur les tiennes
ta main sur ma hampe
nos yeux enflammés
ta chair contre la mienne
nos sens en fusion
le soleil qui décline
le bonheur qui croît
nos cœurs en feu
le chant de nos peaux
la voie de tes doigts
le temps infini
la douceur d'un lit

pour sustenter en chœur
la déraison d'amour
d'une princesse au cœur nu et
d'un mutant éperdu

Aveu

J'ai peur d'effaroucher l'oiseau dans son envol. J'ai peur de blesser la fleur dans sa corolle. J'ai peur de désenchanter la femme dans son ivresse. J'ai peur de moi. J'ai peur d'être trop petit pour une vie.
Notre vie, mon amour.
J'ai peur et si envie. J'ai peur mais tant pis. Puisque, désormais, tu es là. J'ai peur et pas. Puisque tu m'as pris dans tes bras. Dans tes indulgences éprises de moi, de nous.

Je désire tant apprendre auprès de toi la vie qui m'avait fui, que j'avais craint, qui m'avait meurtri, qui t'avait enchaînée, qui t'avait réprimée, pourtant que ma peur ne semble être qu'une chimère d'enfant depuis que tu t'es révélée à mon sang. Je désire tant vivre contre toi que hier disparaît sous un horizon de cendres et que demain apparaît comme un firmament ensemble. Je désire tant licher ton être et savourer la sève de ton yoni en émoi. Je désire tant vivre en toi que le temps n'est plus qu'un compagnon de sagesse qui nous mûrit.

J'apprendrai à devenir moi sous la chaleur de tes éclats. J'apprendrai à retrouver la foi entre tes doigts.

Ô ma Vénus de toujours, toi que j'ai aimée par-delà le temps qui nous recrée, écarte mes craintes si stériles loin de nos étreintes fertiles. Embaume mes plaies d'homme en quête de soi et j'encenserai tes inquiétudes de femme en éclosion de liberté.

Je ne désire que toi.

Bohémiens

L'amour est bohème
lorsque deux âmes s'engendrent
sous le duvet de nues moirées par la lune

sur le liseré de l'horizon

Cœur Divin compte les saisons
dans les champs de l'émancipation

May-Lin attend
son manant d'antan
en interrogeant l'oracle
sous l'olivier de son cénacle

être l'élu de son cœur
à l'orée d'une nouvelle vie
quelle fabuleuse destinée
auprès d'une femme rêvée

L'amour est une audace
lorsque le bonheur est conforme
à de pures aspirations
où vivre n'est qu'une moisson
sous le terreau de nos maux

Confession

Quels sont ces anges
qui jalonnent mon existence
serais-je un béni des dieux
malgré les apparences

j'ai tant d'amour et
si peu de foi
tant de foi et
si peu de candeur

pourtant les confluences
affluent sous mes doigts
Dieu pourquoi moi
pourquoi elle
pourquoi nous

qui suis-je pour mériter
autant d'amour
qui suis-je pour vivre

à l'abri de ses jours

j'ai tout pour être fui
et la vie m'ensemence
de bouquets d'affection
emplis de grâces tendres

j'ai tout pour être rien
j'ai tant pour être tout
le corps brisé l'esprit debout
j'ai tant pour être tien
j'ai tout pour être nous

Arc-en-ciel

Brun comme la terre de tes yeux
orange comme tes silences bleus
rouge comme tes saveurs roses
jaune comme ton amour mauve
écru comme la vie en nous
vert comme ton cœur à nu
bleu comme la nuit qui nous unit
mauve comme tes ferveurs écrues
blanc comme ton éclat infini
gris comme le ciel qui nous sourit
noir comme tes cheveux espoirs
vivre dessine le contour de nos jeux
lorsque les couleurs inspirent tes soupirs
lumineux

J'aime donc je suis
dans la fournaise de nos chairs
la soie de nos peaux
la saveur de nos langues
l'écrin de nos bouches
nos regards intenses
tes doigts sur moi
mes lèvres sur tes seins
mon sexe au chaud
le roulis de tes cuisses

les éclats de ton rire
la cime de notre joie
la sève de ton nid
pudique
nos sens radieux
leurs souffles en suspension
la nuit sans fin
le désir de nous
de tout
l'amour qui nous submerge
la vie qui nous attend

nous aimons donc nous sommes
mais comment désormais
être sans toi
vibrer sans toi
croire sans toi
espérer sans toi
aimer sans toi
mon âme sœur
mon chant du cœur

Frustration

Le temps qui passe m'éloigne de toi
ton départ est trop proche déjà
à peine unis et la raison surgit

deux jours encore
deux jours de trop
gémit l'amour
de tous mes pores

depuis que tu es partie
Mavi sans cesse me dit
que tu m'aimes tant
car j'ai si peur de perdre
la lumière de nos accords

dehors
le ciel pleure à mort

le temps qui passe nous rapprochera
dis ?

Ne me quitte plus

À Marie et à Jacques Brel

Entêtantes odeurs de tes sens
qui hantent mes nuits de ton absence

ta voix résonne contre mon désarroi
il est des silences sans éclat
lorsque tu n'es plus là

seul dans notre lit immense
je murmure ton nom
comme une rengaine
Marie Marie
j'ai tant de peine

loin de toi
je fouille l'obscurité qui me noie
tel un vœu sans fond
en vain
le lit est vide

sombrer dans le sommeil
pour éteindre la souffrance
le lit est vide

que surgisse ta présence
dans le froid
de mon impatience

Fou d'amour

Ma sensuelle égérie
aux voluptés indicibles
enivre-moi de tes baisers
sous le drap clair-obscur de la nuit
à l'heure où
dans tes yeux
brille la liberté d'exister
sans frein

le désir virevolte entre nous deux
au gré des arpèges de tes jeux
amour ludique qui hésite puis se donne
dans une sarabande d'envols
sous une pluie de pyjama

tes seins veloutés me grisent
du nectar de leurs tétins
te vivre est un festin
te suivre est un destin
j'ai faim

Ne te tourmente pas

Nue
devant l'océan de notre amour
tu me tends la beauté de tes atours
aussi pudiques qu'espiègles
dans la soie du jour

ton regard posé sur les courbes de ton corps
de femme jusqu'au bout de ses sens
tu me tends ta chair soyeuse
comme on offre son âme sans détour

que ton être m'émerveille
caressé par le halo du crépuscule

le bonheur au fond des yeux
tu niches près de mes contours
ton regard langoureux
qui enflamme nos échos

J'aime tant te désirer
tes seins déployés
contre mes lèvres
tes lèvres égarées
sur mon corps

et ta bouche veloutée
autour de mon sexe
effarouché d'avoir
trop peiné

ô me blottir contre toi
ne plus bouger
juste frémir et croître
au rythme de ta voix
de ton souffle chaud
si chaud
moi qui reviens de loin
si loin

la vie semble un oasis
près de toi
déshabille-nous ma joie

puis éteins tes tourments
ma naïade de feu
car la vie nous attend
au coin du temps

Simplement

Te voir
t'entrevoir
t'entendre
et rire le bonheur
te sentir
des yeux
du cœur
du corps
et croire à l'Infini

Reviens !

Le manque de toi
broie mes jours
dans la mâchoire du temps qui nous abrase
la distance blesse nos cœurs
de souffrir une trop longue absence
je suis en mal de tes mains
je suis en mal de ta voix
pourquoi souffrir d'aimer
quand aimer nous grandit
quand te connaître m'épanouit

Comment vivre sans toi
tous ces jours et ces nuits
de désarroi
comment nous penser
des mois en apnée
d'émois
comment concevoir la vie
sans toi qui surgit
à tout instant
j'ai mal à l'amour
maintenant que l'amour
nous unit
j'ai mal de t'attendre
dans la pluie et le froid
depuis que je sais
la chaleur de nos bras

Lamartine 2002

Un seul cœur vous emplit et plus rien n'a d'importance, ni de goût. Ou si peu.
Marie, épousons la courbe de notre destin. Marie, marchons sur l'horizon qui nous tend la main. Marie, volons vers les cimes de l'autre chemin. Marie, emmène-moi dans ton sillage de satin. Marie, ouvrons la porte au faste de ton écrin. Marie, je t'offrirai des rires de soie et des larmes de vie. Marie, je te tisserai des mots d'amour sous un saule esseulé. Marie, je t'encenserai de la force de mes émois. Marie, je te chuchoterai la gratitude que m'inspire ton amour. Marie, ma princesse tibétaine, délivre-moi de mes chaînes, je te libérerai de tes peines. Marie, ma folle aventure, le bonheur qui nous aspire a la saveur de flammes aguichantes. Marie, enveloppe-moi dans le charme de tes yeux, je t'abreuverai de l'onde de mes mots. Marie, espiègle-moi encore. Marie, la distance qui nous sépare nous rapproche à grands pas. Marie, mon amour, prends-moi. Marie, prends-nous. Marie, l'existence est si pleine de toi qu'elle est gravide de nous. Marie, ma vie. Ma voie.
Une plaine immense nous conduira vers la nef de nos âmes sœurs. Si loin. de là.

Je suis une âme en peine
entre les quatre murs de mon désarroi
elle n'est pas là

Dehors il pleut des cordes
la nature pleure avec moi
elle n'est pas là

Mais que ferais-je d'un soleil en joie
puisque son aura me manquera
elle n'est pas là

Il pleut des trombes
le sol sanglote mon désespoir
elle n'est pas là

Les nuages sont aussi bas
que le moral qui me ploie
elle n'est pas là

Qu'importe le temps qui nous noie
demain est à la porte
elle reviendra

Poésie enflammée

Je l'aime
Dieu que je l'aime
à en perdre l'haleine
et le sommeil de mes nuits
je l'aime
elle est mon poème
elle est ma vie
à l'aube de l'infini
je l'aime
sur le fil de sa voix
dans le creux de ses draps
quand s'égaient ses doigts
je l'aime
comme une évidence
qui s'inscrirait au zénith
de nos folles existences
je l'aime
mon cœur danse sans bruit
mon corps bouge d'envie
elle est mon atoll épris
je l'aime
l'amour est un alcool
un frisson bleu dans le sang
qui nous affole

5 mai

Choisir
entre un facho et un escroc
quel triomphe pour une démocratie arrogante
choisir
entre rien et pas grand-chose
quel dilemme pour une République chancelante
Il pleut des trombes de désespoirs
dans la surdité des isoloirs

Accouchement viril

Je suis enceinte de toi
mon amour
sens-tu les contractions de mes mots
sous tes mains de velours
imagines-tu le fruit de nos regards
nous enfantons la vie
au feu de nos souffrances
nous l'appellerons futur
car il oubliera le passé
celui qui nous aura tant blessés
pour mieux nous unir
avec passion
L'amour est pardon
dans le lit de nos écorchures
jusqu'à perdre la raison
la raison qui me dit
avec tant de force
que t'aimer sera une moisson
lorsque seront closes tes hésitations
celles qui brûlent mes illusions
je suis enceinte de nous
ma déraison

Mea culpa

Vous savez quoi : j'ai un handicap. Et vous ? Vous êtes quoi ? Mal aimés ? Mal vivants ? Mal vécus ? Mal à propos ? Mal blessés ? Mal des Indes ? Mal us ? Je n'ai que ma réalité à vous proposer. Et vous ? La vie m'a gâté. La vie m'a gâché. La vie m'a grisé. La vie m'a tué. Et Marie est arrivée. Et Marie a douté. Marie foison. Marie toison. Marie saisons. Marie questions. Je suis d'ici. Je suis d'ailleurs. Je suis le mouvement immobile. La mort apparente et la vie débordante. Je suis le jour. Je suis la nuit. Je suis la fin. Je suis enfin. Le cœur qui tend la main. Le corps qui rayonne sa faim. La tête qui panse les chagrins. Les yeux qui écoutent. La bouche qui entend le froid dans les veines, le sens des phalènes. Je suis l'inhumaine humanité. L'amour à tes pieds. Dans tes mains. Sur tes seins. Vous savez quoi : je suis ressuscité. Et vous ? Vous êtes qui ? Le rêve de jours meilleurs. Des phallus de certitudes apeurées. Sans désarrois. Sans questionnements. Sans ardeur ni soupirs. Sans foi ni sourire. Sans toi ni moi. Je suis le phallus éteint. L'esprit étreint. L'étrein-te enfreinte. Le profanateur de préjugés qui ne sait qu'aimer et croire. Croire en l'aimée. Sans y croire. L'espoir est entre tes mains, Marie. Le sens de mon chemin. La voix de mes créations. Vous savez quoi : je marche demain. Et vous ?

Absence

Dans les rets de l'amour qui nous attise
je meurs mon amour
je meurs d'amour
l'absence est une tumeur qui ronge les heures
je meurs sans regret
je meurs de ne pas savoir
l'absence est une blessure qui noue le temps
ma chair sanglote au-dehors
mon corps se recroqueville en dedans

Marie reviens contre moi
Marie ne pars plus si loin de moi

l'amour est un tourment
dans l'entrelacs de nos cœurs éperdus
quand la vie les sépare de leurs élans
Trouver l'âme sœur et la perdre
dans le chaos des sentiments
que l'éloignement avive de ses crocs
quel déchirement
le corps se mortifie
les mots n'ont plus de sens
les jours sont creux
les nuits oppressées de silence
les matins perclus d'indigence
sans toi
ma lumière ma confluence

Deuil viril

Prends-moi. Bande-moi l'amour. Réjouis-moi les jours. Je crève de vie. Je crève de toi. Je n'ai plus de foi. Je n'ai plus de queue. Elle est en lambeaux dans les gravats de mes oripeaux. Je n'ai plus que du feu dans l'âtre de mon âme. Où est l'homme dans ce gâchis humain ? J'ai perdu le sens des mains. Le goût de me justifier de n'être qu'un succédané. Un succès damné. Condamné à espérer. Les bras que le ciel lui a coupés. Les bras en croix. Tel Osiris, mon Isis.
Marie, donne-moi la pilule de l'illusion. Pour y croire encore. Ou faire semblant. Semblant d'être, malgré tout, un homme en dedans. Consommable sous sa réalité inopportune. Sa vérité importune. Un homme plein d'elle. Un être plein d'ailes. Et de cendre. Un Phénix désagrégé par l'altérité. Laisse-le te pénétrer. Te jouir. Te vibrer. Te clamer. Je suis l'éternelle histoire de la Belle et la Bête. L'éternel retour. L'éternel recommencement. De la Bête lucide aux abois de l'amour. Et de la Belle effrayée au seuil du jour. Laisse-moi te branler, mon intense désir. Ton con citron se dérobe à mes lèvres bonbon dans des contorsions de dépit, des douleurs de corps recru. En attendant… un miracle, qui sait ? Chevauche-moi dans le miroir de nos émois. Les fantasmes qui nous conspirent ont des éclats de rire dans la chair de nos soupirs. Marie, sauve-moi sous le pont des Désirs. Comme le jour

habite la nuit. Comme le temps fait son nid. Tu es l'infinie. Tu es le souffle de la vie. Je suis la vie qui nous souffle. Et le silence qui se plie au temps sans bruit. Je suis la prière de l'attente et de l'attention. Je suis l'amour sans condition. Mais…

Pile ou face

Il est là
elle est loin
elle ne sait pas
je ne sais plus
où je vais
ce que je veux
dans ce nœud
à trois
ou quatre
au moins
il est là
tapi dans un coin
à me perdre à la prendre
sans mes mains
je ne suis rien
qu'un chagrin
la peine de ses seins
un petit matin
d'entre-deux
ou d'entre-trois
au moins
il est loin
je suis las
elle est là
je suis tout
tout revient
entre ses bras
elle est tout
je suis tant
mais jusqu'à où
jusqu'à quand
devoir attendre
des matins espoirs

et des nuits sans fin
dans ses tendres mains
l'amour est un rude chemin
entre nous deux
sans mes mains
je suis si peu
que l'amour que j'ai
dans mes yeux
et l'aura qu'éveille son essence
de feu

Je suis fatigué d'espérer l'impossible
qu'ai-je de mieux
après tout

Le temps est court

Ô ma joie
ma voix de lumière retrouvée
que le temps est court lorsque nos cœurs se promènent
entre toi et moi entre ciel et terre
les ondes se glissent comme par enchantement
dans le champ inouï de notre mystère
le temps se fond dans l'harmonie de nos sensations
tout n'est que vibrations
ô la fougue de nos baisers
comment ne pas t'aimer ma si folle douce
je t'ai tant espérée au fond de mes pensées
à en perdre le rêvé
ô ton corps de mangue mûre en manque de soleil pur
que j'aimerais le manger
entre deux caresses et beaucoup de sens
j'ai perdu le goût de l'absence
depuis que ta bouche picore mes fragrances
ô la sieste dans le foyer de tes bras
quand les heures s'égarent dans l'oubli
et que l'amour rayonne de tes yeux
ô l'amour de ton regard
et ta voix qui accourt vers moi
comme un bonheur sans fil
une envie de toi

Marie@temps.fr

Le jour se lève en aube claire
je t'attends
sous le saule en fleur une chatte s'étend
je t'attends
la route est bleue sur l'horizon
je t'attends
la lumière sur ton corps en frisson
je t'attends
tes seins qui s'étirent au pied de mes vers
je t'attends
une hirondelle pleine de vent emplit de printemps
je t'attends
l'amour qui nous rime tendrement
je t'attends
nos sexes embrassés sous l'auvent
je t'attends
l'ombre allongée sur la berge
je t'attends
le silence effleuré par le lit de nos sentiments
je t'attends
le soir qui se coule dans le crépuscule
je t'attends
un baiser plein de vie qui nous tisse
je t'attends
Impatient

Marabout

Lui en toi
toi sur moi
moi et nous
la vie est là
l'amour est tout
l'amour est fou

toi et moi
moi sans lui
lui en nous

la vie débat
l'amour se voue
l'amour s'en fout

moi sous toi
toi par qui
qui est nous
la vie se bat
l'amour se loue
l'amour est proue

je t'aime plus que tout

Prendre

Prendre le temps
de vivre intensément
dans le courant de nos sentiments
Prendre l'existence
comme un égarement
qui s'offre pleinement
Prendre l'amour
avec discernement
pour mieux savourer ses élans
Prendre le jour
au pied du lit
comme une invite à la vie
Prendre la nuit
le sein sur la lune
les yeux dans les cieux
Prendre ton corps
à la lumière de nos cœurs
la chair en fleur
Prendre l'amour
comme le nectar de notre sens
un cadeau du destin
Prendre le temps
de s'aimer généreusement
et se donner au destin
Prendre tes lèvres
sans retenue
et me perdre dans les nues

Téléphone muet

Le téléphone se meurt
Marie ne répond pas
le cœur fait faux bond
sur la foi de la raison

les vers défilent à foison
sous ma plume en pâmoison
je n'ai que les mots pour noyer la crainte
je n'ai que l'ivresse pour brider la plainte

Marie tu ne réponds pas
le téléphone est sans voix

la peur me ronge le bonheur de t'attendre
te perdre serait la fin d'un âge tendre
il est si facile de mourir sans prévenir
il est si dur de survivre sans désir

le téléphone entonne des ritournelles
Marie appelle
le cœur peut faire des bonds
sous le soleil de nos saisons

il est si simple de revivre
d'un bonheur ivre

Corps à vif

Ce corps qui n'est qu'à toi
et que tant d'autres nettoient
ce corps à nu
ce corps à vif
qui ne m'appartient pas
mais ne pense qu'à toi
ce corps aphone
ce corps accru
qui ne désire que nous
et ne vibre que par toi

ce corps avide
si loin de tout
que seuls ravivent tes émois
ce corps douleur
ce corps douceur
que l'infortune rend maladroit
et si plein de nous
ce corps amour
ce corps chagrin
ne respire que par tes mains

j'ai le corps d'un destin
as-tu le cœur d'en rire ?
j'ai tant besoin de notre avenir

Prière d'aimer

Marie aime-moi
sans fin ni loi
emporte-moi dans tes bras
de flammes soyeuses
Marie ris-moi
mon sexe dans ta bouche
ma main sur ton sein
de miel d'ambre
Marie
ton corps sur ma chair
ton cœur dans mes yeux
de miroir bleu
Marie
le soleil sous l'édredon
la rivière en bouton
de satin marron
Marie
enfin

Marie toujours
aime-moi de rires purs
et de larmes d'azur

le jasmin grise le jour

Aveux

Par toi
la maison respire
des bonheurs que l'amour conspire
sous un soleil en fleurs de mimosa

je ne vis qu'en toi

les murs s'enchantent de ta voix
qui éclaire la vie d'une joie irréelle

que tu sois loin où là
dans un baiser ou une pensée
la foi de nos âmes construit
le sens du nous

Par toi
la vie reprend
des allures de bonheur attendu
après la grêle d'un orage sentimental
la maison revit
par la grâce de ton humanité

je ne vis que près de toi

J'enfourche mon cheval d'Azur
porté par la fougue de ton amour
au loin la crête flambe sous une trouée de nues
le bonheur a belle allure
au-dessus de nous

l'horizon est irisé de toi

toits de lumière à venir
l'Himalaya résonne dans la nuit qui nous entonne
ton âme détonne sur le pare-brise taché de pluie
d'où viens-tu mon bonheur magique
mon ineffable magicienne

l'horizon est notre futur

le temps s'échappe entre nos doigts de firmament
le bonheur est charnel entre tes bras
de lune sensuelle
je meurs sans éclat loin de toi
loin de la danse de nos corps en joie

l'horizon est le cœur de nous

vivre ressemble à une volupté
depuis que le temps s'est suspendu à tes lèvres
comme une grappe de raisins mélodieux
l'amour s'est mué en ivresse
depuis que tes yeux me font la liesse

l'horizon est le commencement de tout

Temps suspendu

Ta chair de velours
et le jour
et la nuit
la lumière sur nos amours
et la nuit
et le jour
sur les abords du temps
et maintenant
et toujours
tel un bouquet de sentiments
et toujours
et maintenant
j'embrasse tes seins lourds
et ton rire
et ta vie
sur la rive de nos envies
et ta vie
et tes rires

de grande fille charnue

Malaise solaire

Le soleil est sans force
sous la nappe qui l'oppresse
les nuages sont bats
comme le moral qui m'abat
le jour a des lourdeurs de vie
je m'en fous
tu manques à ma joie
tu hurles à l'absence qui me noie
la lumière est aphone
sans toi elle survit dans l'espace vide de tes émois
j'ai mal à la douleur de l'attente
je m'en fous
le sens est blotti dans le creux
de tes reins en émoi
dormir et alors
vivre mais encore
le bonheur sans toi c'est quoi
les honneurs l'argent la vie
je m'en fous
si tu savais comme je m'en fous
de tout
sans toi
sans nous
je pourrais crever après tout

Coup de fatigue

Je suis las de mourir à moi-même
fatigué d'être fort
épuisé de vivre
loin de toi qui me délivre
de la lourdeur de mes pas
à quoi bon survivre en gloire sans ton éclat

des nuits de tourments
des jours d'errements
des heures à te chercher
des éternités à t'espérer

des désespoirs à t'attendre

comment te faire comprendre
que l'amour est un soleil tendre
que le bonheur est à celui qui le prend
à bras-le-corps à corps éperdu
vivre dans la peur
et mourir dans l'ignorance
n'est que se priver d'espérance

des nuits à te chercher
des joues à t'espérer
des heures de tourments
des éternités d'errements
des désespoirs à t'attendre

J'ai oublié de savoir

Je ne sais plus
qui croire
que faire
je sais que l'amour c'est toi
je sais que l'horizon c'est nous
mais quoi bon savoir
tu doutes autant qu'une hirondelle qui a perdu le printemps
tu crains autant la vie qu'un mort-vivant
et la liberté bien plus que la prison

je ne sais plus
que désespérer d'exister
dans le sillage de tes interrogations
je sens que le bonheur c'est nous
je sens que la lumière c'est toi
mais à quoi bon sentir
tu ne crois qu'à des chimères d'oracles fous
tu ne vois que le malheur partout
où ton être ne vaudrait qu'un clou

je ne sais plus
que me tenir debout

sous les coups de mes convictions
je suis le foyer de mes illusions
je suis le contraire de mon apparence
mais à quoi bon être
tu te consumes sous le poids de tes souffrances
tu te pétrifies dans la cacophonie de tes hésitations
et la vie s'écoule inexorablement

Dis-moi

Marie dis-moi que tu m'aimes par-dessus tout
que demain est impossible sans nous
que nos baisers sont trop doux

que nos regards sont la lumière de nos cœurs
que notre désir est le fruit de notre harmonie
Marie dis-moi que tu m'aimes malgré tout

Folie amoureuse

Je sens la folie qui monte comme une douleur d'outre-tombe
l'amour fait mal lorsque les peurs mènent le bal
l'amour presse et oppresse quand l'aimée hésite devant sa flamme
je sens un cri qui broie ma voix dans la solitude du désarroi
que serais-je sans nous
à l'aurore d'une vie nouvelle
d'une vie si belle près de ton cou
j'aimerais devenir fou
sombrer dans la nuit de l'oubli
pour ne pas te voir t'éloigner
alors que je voudrais tant me pendre à ton cou
et me perdre en nous

L'amour est tant de chose

L'amour est une tristesse heureuse
parfois
une lancinante rengaine qui vous noue l'esprit
et vous brise la voix

l'amour est un bonheur déchirant
souvent
une sombre lumière de cœurs trépanés
aimer à en avoir mal jusqu'à en aimer d'avoir mal

aimer ne serait-ce que le reflet de notre enfance
la répétition de nos manques lorsque
vivre devient une absence
de sens
où l'âme délire ses attentes

l'amour est une onde de tourments
parfois
une ode en quête de son accord qui s'enroue
et cherche sa voie

l'amour est une vague de vie
souvent
un champ en friche que le temps féconde
d'un océan d'âme

Lit vide

Le lit est vide
dans la vacuité d'une nuit sans toi
une nuit de plus
une nuit de trop
sous les oripeaux de mon cœur en lambeaux
de mon corps perdu
le lit est vide
sans la chaleur de nos ébats
de ton sexe en joie
de tes seins de soie

de ta bouche merveille
et ton regard en émoi
le lit est vide
la nuit est noire
le temps est creux
le bleu du ciel agresse mes yeux
j'ai oublié d'avoir faim
j'ai oublié de vivre sans toi
le lit est vide
j'ai froid
prends-nous dans tes bras
ne vois-tu pas que l'amour met bas
la ferveur de nos auras
et le rire de notre karma
le lit est vide sans toi

Marie
je n'aime que toi
la douceur de ton âme
l'humanité de ton cœur
la vie de tes sens
la foi de tes yeux

Marie
l'amour jaillit de toi
comme d'une source
d'eau claire
qu'une tempête de sang
viendrait troubler de ses crocs

Marie
mon aimante écartelée
mon aimée meurtrie
que la clarté appelle
pour une aube nouvelle
j'ai mal au jour qui nous fuit

Mais que crains-tu ?

Que crains-tu de moi ? Le temps nous suspend entre enfer et paradis, le temps blesse la beauté de nos cœurs épris de vie. Que crains-tu de nous ? L'amour qui nous aspire, l'à venir qui nous inspire ? Tu es si belle lorsque la pudeur glisse sous le lit qui nous conspire. Tu es si pleine lorsque le désir s'empare de nos âmes ailées par tes élans. Que crains-tu de tes sentiments ? Le bonheur est une fleur que nourrit le temps, le temps des moissons et le temps des intempéries. Le bonheur est cette larme qui surgit de ton cœur dès que la peur fait douter tes certitudes. Que crains-tu réellement ? Vivre est une folle aventure ou une infinie incertitude. Vivre est une mort lente ou une éclosion exigeante.

Je ne crains rien que de m'éteindre loin de toi, mourir sans tes bras, survivre de t'avoir perdue, vivre pour y avoir crû et n'attendre que d'être libéré enfin d'une existence qui mettrait fin à trop d'amours gâchées, à trop de bonheur brisé. Je ne crains rien que de ne pas assez t'aimer. Ne pas savoir t'offrir la lumière que ton être espère. Ne pas être la voie de ta vie, la vie de ta voix.

Je t'aime tant mon hirondelle inconditionnelle que la peur de couper tes ailes m'engourdit dans notre envol. Je t'aime tant que le temps m'opprime à suivre son cours insensiblement alors que je suis contre toi et le temps contre nous, et la vie trop courte, et les nuits trop lentes, et demain trop près, et l'avenir trop flou, et ton amour trop douloureux.

Que crains-tu ? Le bonheur à deux ? Le bonheur enfin ? Le bonheur simplement ? Simplement le bonheur ? Que crains-tu ? Vivre à bras-le-cœur ? Vivre sans peur ? Vivre auprès de moi ? Dans les faubourgs de mon malheur incarné ? Que crains-tu finalement ? M'aimer trop follement ? M'aimer pleinement ? M'aimer sans regret ni atermoiements ? Que crains-tu ? De te tromper une fois de plus, une fois de trop ? Que je ne t'aime pas vraiment, pas suffisamment ou de trop ? J'aimerais tellement que tu crois en nous comme je crois en toi. Dehors, le jour décroît.

Je n'ai que l'espoir pour croire en notre amour fou. Et l'amour que tes lèvres me procurent en mots doux, et l'amour que tes lèvres posent avec fougue sur nous. Et l'amour qui nous anime malgré tout.

Par-dessus tout.

Tu m'aimes comme tout
tu me désires itou
qu'attends-tu pour vivre sans détour
qu'attends-tu pour naître sans regret
toi la chair de ma vie
le sens de mon amour
toi qui m'as choisi comme on élit la vie
ne t'éloigne plus de nous
ne t'éloigne que de moi

Regrets amoureux

Que n'ai-je
des pieds des ailes ou des nageoires
pour aller à elle
et me rendre à toi
comme on rend les armes après une bataille
un grand désir de paix au fond de soi
un désir de vie qui vous avale
que n'ai-je
des doigts pour t'ouvrir
des mains pour te couvrir
ta présence pour grandir
comme on prend le chemin des étoiles
le sens du devenir
et la profondeur du firmament
que n'ai-je
la force d'arrêter le temps qui nous échappe
le jour qui s'enfuit
la nuit qui s'en rit
comme on tend sa chair au soleil
son être à un amour en fleur
et son âme au sexe du bonheur

Elle

Elle virevolte
semblable à un papillon au seuil de son éclat
elle s'agite
dans les flots des jours qui l'aspirent
elle hésite
sous le joug des pensées qui l'habitent
elle s'étiole
comme un jardin sans soleil heureux
elle s'inquiète
pour des broutilles de doutes fiévreux
elle s'éveille
à la grâce des nuits sans sommeil
elle s'élève
pareille à la lune au zénith de sa lumière
elle s'envole
d'un battement de cœur lumineux
elle s'épanouit
tel un amour aux prémices du toujours
elle virevolte
semblable à une femme qui s'élance

Te deum

Des nues sales au teint charbonneux
un mur de pluie
des trombes de nuit avant l'heure
des tornades de brume brament sur le bitume
les rigoles s'affolent sous un trop-plein d'alcool
le ciel crache et gronde une colère immonde
qui inonde la terre sous des uppercuts d'enfer
elle n'est pas venue
je bruine seul dans le lit
seul sans ses bras
le temps est maussade comme moi
le bonheur est fade sans toi
la nuit tombe tel un linceul sur la tombe de ma joie
elle n'est pas venue
mais elle viendra

comme le soleil au coin de la rue
dehors il averse avec rage
tandis que les chiennes jappent d'une langue apeurée
et que la terre halète d'être engorgée
elle viendra
lorsqu'elle aura trouvé le chemin de sa voie
dans la tempête qui la broie

Je n'attends que toi

Je n'attends que toi
mon amour de lumière
je n'attends que toi
le cœur de ma joie
le sens de ma voie
la voix de mes sens
je n'attends que toi
qui t'installe dans notre amour
dans le lit de nos contours
le galbe de nos rires légers
je n'attends que toi
la source de mon ciboire
le chemin de mes espoirs
le lac de mes passions
je n'attends que toi
le regard posé sur l'horizon
l'âme de mes saisons
le corps de mes romances
je n'attends que toi
mon amour de lumière

III
Le sourire des hirondelles

Ses Lèvres

La nuit s'évade
dans la lumière du jour
le ciel va resplendir de nouveaux atours
elle m'embrasse partout
des hauteurs de Santiago aux profondeurs de l'amour
elle m'embrasse partout
de ses lèvres à la douceur de pétales de roses dont l'arôme est
aussi guilleret que
nos apothéoses
un de ses baisers vaut tous les voyages du monde
lorsqu'elle m'embrasse
je fais le tour de sa Terre
explorant sa bouche avec l'entrain d'une goélette grisée par
les embruns de la mer
savoureuse langue à la sensualité polyglotte
je goûte insatiable ses lèvres et le miel de ses baisers
comme un nectar que les dieux m'ont octroyé
La nuit m'embarque
dans les mouvements du jour.
Parle-moi encore d'amour !

Le temps

Effrayant. C'est effrayant. Le temps s'égoutte entre mes doigts. Il s'enfuit vers l'horizon. Le retenir. Quelle illusion ! Le temps s'en va au rythme de ma respiration. Le temps s'en vient au rythme des battements de mon cœur. De l'amour qui s'égrène, jour après jour, dans un lit de bonheurs. Je suis le Temps, je suis Tout. Tout en n'étant rien que ce temps qui s'échappe vers l'Éternité du temps. Effrayant. C'est effrayant. Et exaltant tout à la fois. Il s'enfouit sous l'horizon. L'accompagner jusqu'à la dilution. Je suis l'Instant. Je suis le Présent. Le présent de son amour qui m'attend, qui me suit et me précède, qui m'enveloppe et me développe. Je suis sa chair. Je suis son sang. Je suis le sens du vent. Je souffle sur le temps qui me reste, sur le temps qui m'appartient. Car il m'appartient ce temps qui est mien. Qui est nous ! Jusqu'à la fin des temps.

Corps et décors

Son corps à elle sur lui
son corps à lui sous elle
dans un décor de nuit
dans un décor de jour
plaisir et souffrance
amour et Amour

Hommage

En souvenir de Chantal

Mort omniprésente. Le mal ronge inexorablement. Le temps est compté. La vie s'épuise. Agonie entre pleurs et rires. Elle sait l'inéluctable. Elle sait. Si forte et si fragile. La mort vient. Décharnée. Le corps s'étiole avec l'espoir. Inhumaine, la vie s'en va jour après jour. Quelle est grande ! Et belle dans son flot d'amour qui s'exprime, se partage, se donne au seuil du Néant, de l'Au-delà de soi. De l'Infini. Du Vide. De l'Inconnu. Vertige de l'ultime lâcher-prise. Et les regrets, et le pardon, et cette prise de conscience dernière et douloureuse. Rédemptrice aussi. Elle est si grande et la vie soudain si petite. Humiliée par une déchéance indigne. Dehors c'est l'hiver. Il fait maussade. Il fait pluvieux. Il fait gris. Il fait désespérant. Comme si le temps était à l'unisson de son état ? Et la vie qui hoquette. Et la vie qui s'essouffle insensiblement. Et elle qui irradie de sa Lumière. Dans un sursaut d'Amour et de Vie qui aborde l'Éternité. La sienne. Le Mystère d'où nous venons et où nous retournons. Humblement. Libérés. Et libres ? Elle est partie dans un dernier soubresaut. Elle n'est plus. Et pourtant elle est à jamais. Elle est l'âme qu'elle a toujours été. La vie continue. La vie ne s'arrête jamais. Présence indicible pour une absence invisible. Nous ne sommes rien. Nous sommes tout. Trouver un autre souffle. Et creuser plus avant le sens de la vie. Elle est partie. Mais n'est-elle pas plus présente qu'auparavant ?

Rebelote

Étouffement hivernal
obstruction trachéale
respiration infernale
l'hiver est de retour
de l'air
respirer
tout devient lourd
oppressé et oppressant
angoissant et angoissé
complainte des jours froids
et la neige qui tombe
virevolte allègre
devant mon regard indifférent
beauté éphémère
beauté dangereuse
qui m'essouffle
avant de n'être que de la gadoue
et le prix de l'inadvertance
de combien est-il
docteur
manque d'attention de vigilance
je respire mal mais j'avance
jusqu'où
jusqu'à quand ?
L'éternité est si fragile. Monsieur est servi.

Rage

Quelle est cette rage qui me ronge les neurones et le rire ?
Suffocation psychique et physique, tout l'être transpire à grosses gouttes ;
tout l'être s'égoutte dans des draps qui poissent.
Et cette chanson comme une rengaine, et cette chanson si obsédante
et ces ressassements au premier regard, dès le réveil d'un esprit oppressé,
le dépit et la rage s'empare de la raison pour la broyer
dans sa propre oraison. Autodestruction.

La sagesse est en lambeaux, déchiquetée par les mots.
Rage sourde qui abrutit les oreilles.
Rien n'a plus de sens. L'essence est en panne.
Rage rauque ronge cette ruade écervelée.
Implosion. Jusqu'à la démence dératée.
Je veux respirer. Me détacher. Me déconnecter.
M'échapper de moi-même pour retrouver la sérénité égarée dans la tension d'un trop-plein d'indignité et de passé.
Comprenne qui voudra.

Intégrisme blues

Un goy boy-scout squatte l'épeautre d'hosties intégralement intégristes dans un bocal de béatitude rigide où stagnent des joysticks crucifiés sur l'autel de l'austérité. Cesse de faire l'épître et vient faire ton acte de contraction contractuel !

Un beur beurré bourre une bourriche de sourates coraniques bradées, en bramant des appels au djihad, en veux-tu en voilà, contre des mécréants bardés de crémant dogmatique. À trop se voiler la face, on se ferme aux autres, donc à la vie.

Un youd yodle sous sa yarmoulke si orthodoxe qu'elle intoxique le cœur ; oubliant qu'il ne sert à rien de se lamenter contre les murs, il faut aimer pour se sauver. Torah ou Torah pas le dernier mot ? Sûrement pas en brandissant tes oukases de victime vindicative.

Un bouddhiste boudiné dans son fondamentalisme boulimique, à la bodhi buildée, bêle ses quatre nobles vérités acidulées. Certes, on a le karma que l'on peut mais comment rester éveillé avec un dharma qui braille son intolérance ? Il est des Nirvana inaccessibles...

Arrête de te mosquée de moi église dans la synagogue ou le temple pour vidanger ton trop-plein de religiosité, toi qui vociféres « Touche pas à ma religion ou je te massacre à coups de gnons et de sacrements mystiques » ! Il n'y a pas d'amour, qu'une haine fanatique. Intolérance bestiale, inhumanité totale. J'espère que Dieu, quel qu'il soit, reconnaîtra vraiment les siens et fera rôtir les autres dans leurs propres délires au mieux intolérants, au pire criminels. Mais Dieu Bouddha et Allah au coin en disant : « Vishnou la paix ! » Ma foi, pourquoi pas... Libertés oblige.

Au secours Sartre !

Le visage un peu bouffi.
Empâté par l'âge, le temps et, peut-être, un peu de laisser-aller hédoniste.
Épicure qui suis-je ? Pas celui que j'aurais pu être et que j'aurais voulu être...
En apparence, du moins. En apparence seulement.
Miroir, miroir que me renvoies-tu dans ces vitrines qui me narguent sous un soleil éclatant ?
Quel défi tu m'imposes au seuil de mon « andropose » !
Enfant, je fus si beau, si grand sur mon cheval à bascule.
Et maintenant ?
Profil de bouddha boudiné de travers. Mais en ai-je la sagesse ?
Soixante printemps, très peu de dents, trop peu pour mordre quiconque, mais suffisamment pour être un éternel mort de faim.
Existentialisme anathème. Simone où est mon bavoir ?
Je suis un Sancho Panza aux pensées éventées par les temps qui courent.
Je m'interroge dans du mare de café.
Mais je vois flou. Je suis myope.
Quelle importance puisqu'on ne voit bien qu'avec le cœur.
À la croisée des chemins, une fois de plus. Je le serai jusqu'à la fin à la croisée des chemins.
C'est mon destin, le prix à payer pour avancer, explorer d'autres chemins. Toujours explorer.

Vague

Je suis
dans le creux
de la vague
vague à l'âme
âme errant
sous un ciel maussade
le temps est aux doutes
et aux interrogations
circonspection

Et puis le soleil revient
de plus belle
mais pas les doutes
mais pas les questionnements
la lassitude du temps
surfer sur l'indicible
il est des vérités si peu
bonnes à dire
des réalités inextricables
Être
sur la vague irrésistible
et faire avec
pour ne pas sombrer
dans le pathos et le vain

Le vent

Le vent, la vie.
Bourratives bourrasques
soufflant dans des branches flasques.
Ciel voilé, cotonneux.
Douceur printanière sous une grisaille lumineuse.
Bonheur d'être baigné dans une chorale d'oiseaux,
pensées en suspens,
je suis le temps
qui m'environne.
À côté de moi l'amour
sourit,
me sourit délicieusement.
Et le vent me souffle
et la vie m'insuffle
un air d'éternité
indicible mais si puissant.

Le sens

Cherche le sens, tu trouveras la vie. Sous la voûte limpide d'un printemps resplendissant. Chevauche l'horizon sur un lit vertical. Les pensées suspendues entre nulle part et ailleurs. Entre tout et rien. La vacuité du temps. Le vide azuréen. Ne regarde pas en arrière. Le passé est devant. Le futur est en toi. Éternellement. Avance. Marche sereinement. La route est dégagée vers d'ultimes chemins. Elle t'aime tant. Le ciel fredonne de multiples gazouillis. Matinée chorale. Le chœur de la vie rebondit d'arbre en arbre. Je suis oiseau. Je suis feuillage. Je suis fleur. Je suis. Je vacille. Je doute. Je crois. Je suis ma foi. Je me relève. Je vais sans fin. Jusqu'au bout. Cherche le sens et tu trouveras la vie. Je suis la vie. Je suis l'amour. Je suis l'amour de la vie. Je suis la vie que je donne. Je suis l'amour que je déploie. Je suis nous. Accomplissement. Cette conviction de s'accomplir en écoutant la Vie qui bruisse dans l'atmosphère. Alentour, ce silence impressionnant ponctué de papotages emplumés. Douce solitude. Ineffables certitudes. Elle t'aime tant. D'un amour si lumineux. Elle rayonne son amour. Sérénité. Moment de grâce. Indicible immortalité. Cherche le sens...

Son corps

Si doux si chaud
si proche et si lointain
si pénétrant et si impénétrable
si ouvert et si inaccessible
si lumineux si éteint   en apparence.
Car c'est un volcan qui fulmine de se brider.
Elle exulte en exhalant des exhalaisons jouissives qui s'échappent de sa gorge.
Son corps
si femme si formes si feu
et son esprit crispé sur ce qui a été
cherchant l'issue la réponse le soulagement la sortie de la solution
cherchant désespérément.
Et puis
brusquement
elle jouit sous mes yeux
et je jouis dans sa bouche
redevenue vorace.
Comme avant comme toujours.
Je suis un amant docile.
Son corps. Ah son corps si fougueusement sexué !

Hôpital

Prison souffreteuse
                        échos de souffrances qui rebondissent
entre des murs sans âme
        la lumière est retenue par des stores vénitiens
                comme si elle n'avait pas droit de cité
                      dans ce lieu macabre, mortifère où la vie et la
mort se joue de l'autre
du patient impatient d'en finir avec l'une ou l'autre
                      au milieu d'un Te Deum funèbre.
            Pleurs-angoisses-désespoir-résurrection ou absolution.
Mourir en ce lieu où se côtoient la précarité et l'éternité
                      tout ici n'est que vulnérabilité et
intemporalité.
        Et cette lumière interdite. Accentuant une morbidité
cadavérique et les râles d'agonie.
                Pénombre   désespérante.   Oppressante.
Étouffante.
À rendre le pire des mourants neurasthéniques ; où à lui donner
envie de partir plus vite.
Hôpital, tu m'as sauvé tant de fois mais je te fuis sans vergogne.
Tu n'as plus d'âme.
                Et j'ai tant de vie(s).

Constipation

Que Vienne devienne
une virgule vaine
et
que je revienne
à moi-même
!
Injonction
Vienne est partout
je suis nulle part
je suis rien
Vienne est tout
ce qui revient
quand tout part
dans mon entrain

Déjection sociale ?

Bouillonnement de vie
dans tous les interstices de ce corps
agonit
par des regards scotchés sur des bouts de trottoir
Je suis auto-man
Je suis autre-man
« Maman, qu'est-ce qu'il a, le monsieur ? »
« Tais-toi et avance ! »
Éducation à la serpe ou à la serpillière...
Le monsieur reste sa propre étrangeté pendant que la société empeste sa propre anxiété.
Il est des regards confinés dans leurs préjugés, il est des regards qui peinent à se dégivrer.
Pendant que le monsieur emmène, emporte, empoigne sa folle liberté, sa douce vérité :
JE SUIS.
Malgré tout. Par-dessus tout. Avant tout.
Et vous, regards empêtrés dans vos peurs ataviques ou vos discriminations pathétiques,
je vous plains et je vous souris.
Du haut de mes envies de Vie.
Et de mes amours iconoclastes...
De mon Amour d'Elle.

Imbaisable

Il est triangles des bords rudes, de pied en cap d'espérances frustrées. Il est atrophies anguleuses. Il est rondeurs velléitaires en fonction des humeurs de son bedon redondant. Branle-bas de con bas. Bas-fonds très contraints, et passablement contrariants. Fondus enchaînés par des rétractions rédhibitoires. Gymnastique intime, ultime, déprime. Existentialisme. Être ou ne pas être un crabe en chambre sur un lit en décombres. Il est si beau, nu. Il a quelque chose de particulièrement cubique. Du Picasso de la grande époque. À ce stade, ce corps, c'est de l'art... inabordable. Donc, passablement décevant. Désir contenu, retenu, perclus. Elle voudrait bien mais ne peut point. Il voudrait tant mais elle attend. Qu'il se déplie. Qu'il se déploie. Le corps de son aimant, à défaut d'être son amant. Pour le moment. Elle y croit indéniablement. Peut-être même intensément. En tout cas, elle y croit. Pour le moment. Jusqu'à quand ? L'art vivant, c'est joli à voir, et même désirable bon sang, mais très peu réjouissant. Car, en vérité, c'est de jouir dont il s'agit. De baiser, trivialement parlant. De prendre son pied. De s'envoyer en l'air. Loin des triangles aux bords rudes. De cette chair certes vibrante mais tellement immobile et recroquevillée qu'il est ardu de la grimper. De la chevaucher et s'en pénétrer ardemment. Non, avec lui les ardeurs s'essoufflent avant même d'avoir osé émerger. Ce corps n'est qu'un récif guère jouissif. Il manque d'allant et, surtout, d'entregent érotique. Il est lassant, à force de ne pas être entreprenant. Ronronnant, soporifique comme du Ozu au ras du tatami. Nul missionnaire en levrette, avec lui. Ici, le Kamasutra n'est qu'un karma saoulant. C'est son destin. Mais pas à elle qui cherche à résoudre cette équation à géométrie invariable. Par amour. Assurément par amour. En attendant, il est quelque peu imbaisable. Une peccadille, franchement.

Le temps

Où va le temps ?
Ce temps qui file insensiblement Dieu sait où Dieu sait comment
Il m'est infidèle
il me trompe avec le vent me glisse entre les dents
Comment le retenir le réfréner le ralentir
ce temps qui me manque continûment
et que j'aimerais passer avec toi avec les mots avec l'écriture
des mots et des sentiments
Brise de terre décortiquant mes rêves
j'avance lentement pendant que le temps me dépasse
sous un ciel éclatant et indifférent.
Où va le temps ?

Gastronomie

L'œil pétillant
la bouche insatiable
le palais débordant de saveurs rayonnantes et défragmentées
assis à une table climatisée
nappe blanche service prévenant et délicieusement délicat
dégustation élégiaque
un plat après l'autre
les mets offrent le raffinement et délivrent des exclamations de bonheur
les yeux écarquillés sur l'infini et les myriades d'étonnements.
Découvrir
se laisser pénétrer se laisser détonner se laisser happer se laisser surprendre
et en redemander
car tout est dans la quantité mesurée et la qualité démesurée.
Tout.
1741 raisons d'aimer la vie.
À côté de l'amour. De l'amour de ces jours. Si délicatement beau et sensible.
Ineffable gastronomie des cœurs.
Il est des bonheurs renversants qui se méritent et se savourent religieusement.

Savoir (et) aimer

Vingt-sixième étage. Canal Saint-Martin. 14 juillet de l'an de grâce 2015. Le ciel est un feu d'artifice. Je sais. L'amour sait toujours. L'amour véritable. Celui qui sent l'aimée comme on sent le vent, la brise du large qui vous dit le temps. Qui fait le premier pas ? Il est seul au fond de leur lit et il sait qu'il sent juste, qu'il sent vrai. C'est ainsi. Elle est lui, il est elle. Ils sont. Elles feront l'amour. Ils le savaient. Par amour. Elles essaient de faire l'amour. Maladroitement, telles des adolescentes. Tandis qu'il fantasme à l'envers. Seul dans leur lit. Elle recouvre son double de son corps car il faut bien faire quelque chose, sortir de leur timide indécision. On dirait que c'est la première fois qu'elles font l'amour. Oui, l'amour, parce que c'est plus qu'un simple rapport charnel. Elles sont gauches et si soucieuses de l'autre. Elles sont tellement malhabiles. Frustrations. Elle laisse parler ses manques et ses craintes. C'est ce qu'elle voulait. Qu'elles voulaient toutes les deux. Ils le savaient avant. Il faut savoir pour aller de l'avant, s'élever et se libérer de ses tourments. C'était tacite. Par amour. Par amour pour eux. Il aurait aimé les voir, les regarder faire l'amour. Être elle, l'autre, tout ce qu'il n'est pas et qu'il ne sera jamais. Jamais. En apparence. Pourquoi s'en cacher ? Pour savoir aimer, il faut aimer savoir. Ils sont amour. Ils sont vérité. Ils sont un couple libre. D'aimer. Et si amoureux. Vingt-sixième étage, autant dire le septième ciel. À proximité du canal Saint-Martin. Dans une chambre engoncée. Désir de femmes. Faim de caresses. Balbutiements de femmes. Nuit de quête. Explorations intimes asthmatiques. Et puis ? Et alors ? Reprendre pied après le petit feu d'artifice sensuel. Revenir à la réalité. La mesurer. Pour la comprendre. Être. Être sans culpabiliser. Pour mieux revenir vers l'Amour qui attend. Seul au fond de leur Vie. Comme on attend sur un quai de gare le retour de l'aimée. Il est seul. Il la désire. Et maintenant ? Et ensuite ? Ils ont leur Amour entre les mains. Et leurs Désirs… Savoir aimer par-dessus tout. Est-ce donné ?

Multiple et singulière

Son aimée est multiple et singulière
et
leur amour est singulièrement multiple.
Qui sont-ils ? Où vont-ils ?
Le savent-ils ?
L'amour s'écrit à chaque instant
au jour le jour
comme une éternité instantanée.
La vie n'est-elle pas multiple et singulière ?
Ils interrogent leur cœur loin de leur esprit
loin de ce qui entrave la vie
cette vie si singulière à force d'être multiple.
Dans la multitude de toute chose
qui engendre la vie
les émotions affleurent

les sentiments s'interpellent.
Rien n'est plus exigeant
que la liberté
d'être
libéré(e) de soi-même.
Il l'aime.
Multiple et singulière.
Et elle
comment l'aime-t-elle ?

Nuit d'été

Sensuelle, la nuit tombe, paisiblement fraîche et monacale. Des volutes de nuages bruissent en silence sur un horizon transcendé, passant nonchalamment au-dessus de nos pensées. Je la regarde, je l'aime. Je suis la nuit. Je suis le cœur de ses étoiles. Je suis le corps du Firmament. Je suis l'infini de la nuit. Méditation. Je respire le Vide. J'écoute le battement de l'Éternité. Je la regarde, je l'aime. Bonheur indicible. Épuré à l'extrême. Moment suspendu à l'Absolu. Ponctué de paroles éparses. Je respire l'instant qui abreuve ma plénitude. Recueillement allègre. Je suis la sérénité qui nous caresse, mon amour. Je suis moi, je suis nous. Lévitation occulte. Osmose nocturne. Convergence sentimentale. Je la Regarde, je l'Aime. Je suis Incarné. Une nuit d'été. La nature sommeille. Elle reprend ses esprits après une journée oppressante. Je suis libre. Si libre. Je voyage. Je suis un astronaute spirituel. Sublimes sensations de liberté. Communion sidérale. Je vibre. Je m'élève. Aspiré et inspiré. Je pénètre et je suis pénétré. Et soudain, je suis Désir. Intensément, je désire. Je la désire. Je suis le souffle de mes sens. Je suis le sens de mon sexe. Je la regarde, je l'aime. Une nuit d'été entre lumière et liberté. Érection suprême que la nuit nourrit et emporte divinement. Le Vide est sexué. Pulsion, impulsion. Régénérescence. Au seuil de la nuit. Je la regarde, je l'aime. L'Amour est la porte de l'Éternité. Et l'homme se fit chair. Et la femme fit air. Et ils furent Vie. À l'unisson. Infusion consensuelle. Dehors, la nuit tombe paisiblement. Tel un voile sur leur sensualité joyeuse. Une nuit d'été.

Tolérance

Entre tolérance et souffrance
amour et incompréhension
– mais l'amour ne comprend pas tout –
dilemme amoureux frustration mutuelle
qui surgissent au détour d'une envie
de corps illustré à satiété
– car il est des envies inextinguibles –
addictions *de profundis*
Il l'aime nature et féminine
elle s'aime taguée de la tête aux pieds
défiguration indélébile pour lui
identification indicible pour elle
divergence esthétique différence de sensibilité
qui fait toute la différence et bouscule l'amour
– ou les egos –
déchirement intérieur
résignation ou renoncement
par amour ou par dépit
face à une équation insoluble dans les émotions à vif
Mourir à soi-même
encore et toujours mourir mais jusqu'où
sans souffrir la mort.
Qu'est l'amour ?
Où est le seuil de l'insupportable ?
Il l'aime tant
il voudrait tant pouvoir renoncer
il n'en a pas la force
– pour le moment peut-être –
et elle n'a pas la patience
…
Arracher cette douleur insidieuse.
Comment ?

Asphyxie

Pas un brin d'air. Pas un souffle de fraîcheur afin de lécher la moiteur des corps. La végétation suffoque. Elle attend la nuit comme une délivrance. Une sorte de léthargie englue l'espace et le temps. La respiration est touffue. Tout colle, tout est collant. Langueur singulière. Rien ne bouge. Ne pas faire d'efforts inutiles. Se ménager entre deux inspirations brûlantes. La nature est en feu. L'horizon crépite à vue d'œil. Pas une once de légèreté pour soulager les sens engourdis. Qui a encore la force de désirer autre chose que de l'air, du vent et des averses boulimiques ? Les corps se repoussent. La chair aurait une saveur de salaison désincarnée.
Marasme végétal. Même le nudisme est vain sous cette torpeur caniculaire. Asphyxie estivale. Il n'y a que notre amour qui respire dans nos yeux éperdus. La vie est un regard inlassable.

Magritte

La verge allaite une bouche aimante
une bouche qui tète cette hampe ardente
au rythme excitant d'une allégresse goulue
        jamais vraiment repue
Comment l'être dans cette bouche éperdue ?
Impossible de glander au bord du canapé
dans cette bouche on ne peut que s'élever
        en abdiquant toute retenue
Elle est légère et chaude elle est raffinée
dans ses mouvements qui ne font que sucer
et lécher un membre tellement suppliant
        devant tant d'allant
Il a perdu tout contrôle sur lui-même
il n'est plus que suspendu à cette bouche
qui l'amène à l'extase dans un halètement
        où les sens s'affolent avidement
Jouir en ce buccal réceptacle est une offrande
sans nul pareil pour tout amant qui se respecte
et qui vibre sous les assauts si gourmands.

Flaccidité

Flasque. Il est des jours, il est des temps orphelins de la moindre tonicité. Des jours où le bambou est mou. D'une atonie désespérante. C'est à peine s'il se soulève. Chiffe molle exsangue de toute prétention virile. Le mâle se fait la malle et s'inscrit aux abonnés absents. Il n'est plus que l'ombre de lui-même. Le macho en perd son honneur. L'homme en perd son latin. Son sexe est chafouin. Il n'a plus la force de rien. Certes, c'est momentané, un mauvais moment à passer, mais c'est tout de même frustrant. Heureusement qu'elle est très indulgente, sa douce aimante. Pour autant, il est tout de même flasque, son ovni fantasque. Il se sent tristement con, ce qui est un beau paradoxe… Alors qu'il aimerait tellement être ardent, fougueux et entreprenant, il est tout pantelant sous le regard indulgent de son amante pleine d'entregent qui contemple cet entrejambe désespérément indolent. Ingrate flaccidité, quand tu nous prends la placidité se défile sans faire de sentiment.

Médiocrités

Que savez-vous de l'intimité ?
Que savez-vous de la solitude ?
Du plaisir d'être seul avec soi-même et du corps qui vous appartient entièrement.
Lorsque sa vie dépend à longueur de journée d'une présence constante.
Pour un confort relatif. Et une sécurité parfois incertaine.
Néanmoins indispensables.
Pour compenser. Qui ?
Il faut en être privé de son intimité et de sa solitude pour en connaître le goût et la déraison.
Livrer à autrui son corps sans perdre son âme ni égarer son esprit en de vaines conjectures.
Rester debout malgré tout. Par-dessus tout. Contre vents et marées, contre des « vocations » insidieuses.
Ne pas céder à la renonciation de la victime expiant sa propre impuissance.

Que savez-vous de l'intimité spoliée par des présences étrangères à une certaine éthique ?
Rester debout en affrontant une certaine médiocrité humaine parfois si versatile.
Celle qui se permet tout et s'arroge beaucoup de droits sur vous et votre existence.
Sur votre intimité et votre liberté !
Au motif si généreux qu'elle compense…
Je fais donc je suis. Je suis ce que je veux et tu es ce que je peux.
Au milieu d'un cloaque sexiste pour épicer l'ingérence. Jours de décadence.
Médiocrité mâle se gaussant d'inconvenances indignes d'un homme qui se respecte.
Mené par son organe pédant à l'instar d'un âne mené par une carotte.
Au point de se permettre des harcèlements triviaux et indécents de macho sans éducation.
Alors que, par ailleurs, il est l'incarnation même de la fidélité… à soi-même, bien évidemment.
Terrible dépendance et indigente déconvenue que de voir son intimité polluée par tant d'incuries.
On a l'humanité que l'on peut. L'empathie aussi.
L'autonomie a un prix bien plus exigeant que ne le voudrait la déontologie.
Quand elle existe…

Fantasmes

    Sur un lit
je fais l'amour avec elle
étendu de tout mon long sur sa chair soyeuse
elle qui se pénètre de moi
qui suis son prolongement chaloupant
    Sur un divan
je fais l'amour avec elle
emboutissant les ailes charnues
de son derrière tendu vers l'avant
tout en feulant dans une pose féline
    Sous une douche

je fais l'amour avec elle
bien sûr l'eau ruisselle et le savon salive
sous une floraison de décibels et de vocalises
charnelles quand je l'éperonne d'émois crus
    Sur un banc
je fais l'amour avec elle
me repaissant de sa conque ritournelle
elle qui me chevauche crinière au vent
dans un élan si renversant
    Sous un arbre
je fais l'amour avec elle
à demi-nus caressés par une brise câline
sous la ramure qui gazouille et bruisse
elle est si cavalière sur mon pommeau...
Inépuisables fantasmes de cavalcades orgasmiques sur un coin d'oreiller, quand elle dort avec une langueur cosmique.
Je l'attends et je l'apprends avec la liberté d'un amant qui folâtre dans ses pensées impudiques.

Attirance fulgurante

Cette érection qui piaffe
avec une déraison torride
se regimbant sous la toison
contre tout appel à la raison
Lorsque le désir vous happe en une démesure sensuelle
les sens suffoqués deviennent suprêmes
Douce tyrannie d'un corps en éveil
qui surgit soudain et vous déborde sans pareil
Rompre l'amarre et fondre sur un îlot orgasmique
Il est des jours où tout n'est que fusion et effusion astronomiques
faisant fi de la sagesse et de toute pondération
Désolé mon amour je suis la proie de tes appas pharaoniques
me faisant dériver sur ta plage karmique...

Fantasme virtuel

Les phrases défilent
    il écrit sur l'écran
        il crée sa vie
            au fil des mots
que tricotent son esprit
    il dicte ce qu'il pense
        il pense ce qu'il dicte
            car il compose en fantasmant
d'elle qui écrit devant son bureau
    il est toujours nu
        sous un drap fin
            sa voix raisonne
et rebondit sur sa chair qui frissonne
    il sent son sexe
        se dressant sous lui
            en un désir sans bruit
il pense à elle qui soudain
    surgit dans son nid
        le découvre et le saisit
            indifférente aux mots qu'il dit
elle tète ses soupirs avec une telle envie
    balayant sa nudité ravie
        il jouit sans fin en dictant « oui »
            elle se redresse le recouvre
et s'enfuit sans avoir rien dit
    afin d'en découdre
    avec sa propre envie
il pense il oublie il repense il écrit il ne sait plus ce qu'il dit
    il dicte avec un corps ébloui
        il est des réalités irréelles
            qui sont si femelles
              …

Chevauchée

Voluptés équestres sur un chemin pédestre. Sur la monture qui va d'amble, ils chevauchent ensemble. Elle est sur lui, il est en elle. Voyez comme ils sont beaux à s'étreindre et à s'entreprendre, assis sur un étalon qui trottine sans même les entendre soupirer et se surprendre. Elle est sur lui, il est en elle. Cavaliers jusque dans leurs croupes qui se contemplent. Ils se font face et s'embrassent à foison. Ses mamelles tressautent au gré de la bête qui caracole le long d'une berge gravillonnée de leur pâmoison. Elle est sur lui, il est en elle. Acrobaties de corps fusionnés sur un équidé alezan à la queue en panache. L'amour rend intrépide les plus fougueux des amants. Mais que dirait Andromaque face à une telle hardiesse foutraque ? Au loin, on entend leurs soupirs et leurs gémissements transportés par un zéphyr qui les caresse délicieusement. Jusqu'où iront-ils dans leur charnel élan ? Dire que la jouissance est un ravissement... Brusquement, il éperonne hardiment sa conquête cambrée qui hurle son contentement sous une lune comblée. Et le cheval les emporte dans une prairie ivre de liberté. Ils se sont désirés. Un soir d'été, dans une contrée émancipée. En un galop grisant.

Souffle

Le ciel se couvre
une fraîcheur salvatrice coule entre les feuilles
au loin une cigogne s'élève gracieusement
emportée par un courant ascendant
l'été respire le temps d'une journée alanguie
qu'elle est belle à mes côtés
la vie est un soupir qui cherche sa vérité
quelque chose en elle interpelle l'humanité
son sourire solaire sous la couche nuageuse
illumine l'espace qui prédit de la pluie
elle pianote sur sa tablette
à la recherche de musiques séduisantes
qu'importe ce qu'elle me fait entendre
tant que mes yeux d'amour l'abreuvent
dans cette intimité où les mots se meuvent
sa voix est une mélodie qui s'épanouit
sous un feuillage à l'éther reposant
Le ciel se couvre sans bruit

Et si on faisait l'amour ?

J'aime corporaliser nos sentiments
prendre corps dans le corps de toi
après avoir pris cœur entre nous
dans un chœur à corps qui bout
Accordailles en harmonie avec l'envie
d'être tout pour l'autre en étant tout pour soi
la chair est un apôtre qui sait prêcher la joie
lorsqu'elle déploie ses sens et s'épanouit
en nous.

SolitudeS

Absence
chaleur blême dans un lit vide
et livide le corps perclus
d'absence
de sens
ce sens qui fait l'Homme
Je suis seul
j'avance
dans l'absence
de chair
cette absinthe
du corps
et de l'esprit
.Dépendance.
Suis-je l'absence
de moi-même
?
Elle est loin
silence
absence de paroles
échangées concoctées partagées
Je suis seul
je déambule
dans l'absence
de nous-mêmes

et je m'interroge
sur la solitude
d'être
DIFFÉRENT
Incarnation
déchirante incarnation
déchirement désincarné
j'avance
dans l'absence d'absinthe
mais non de sens
je suis
donc
elle est
donc
nous sommes
ce que nous deviendrons
au-delà
de l'absence
!

Lorsque

Lorsque mon lingam pimpant s'enfonce dans son yoni ardent,
lorsque le yoni bruine sur mon lingam qui fouine,
lorsque le temps suspend nos sentiments en une allégresse d'amants,
lorsque nos sexes s'époumonent en se réjouissant,
l'extase irradie nos corps épris d'une fougueuse fusion d'aimants.

Te rappelles-tu ?

Te rappelles-tu ce rocher majestueux qui surplombait la vallée de toute sa beauté apaisante ?
Te rappelles-tu le tapis fleuri qui menait à lui et encensait délicieusement nos pas nus ?
Te rappelles-tu ces rongeurs intrépides couinant leur jouissance en une levrette bestiale ?
Te rappelles-tu le désir animal qui submergea alors nos sens subjugués par cette vision exaltée ?

Te rappelles-tu nos regards qui se sont croisés avec la même envie impromptue de soudain baiser ?
Te rappelles-tu le rocher qui nous offrait son assise et toi t'asseyant après avoir retiré ta chemise ?
Te rappelles-tu avoir prestement enlevé ta culotte et l'avoir jetée sur un buisson en fleurs alpestres ?
Te rappelles-tu lorsque je t'ai rejointe déjà haletant, fesses dévêtues et verge vaillante ?
Te rappelles-tu enserrant ma taille d'une emprise vigoureuse et moi plongeant en ta flûte ravageuse ?
Te rappelles-tu nos bouches ahanant des odes à la griserie que nous explorions avec furie ?
Te rappelles-tu cette arrogance avivée qui faisait sauvagement tressauter nos croupes effrénées ?
Te rappelles-tu nos chairs tambourinant et notre ivresse soudain nous submergeant sur le rocher ?
Te rappelles-tu ton petit cul endolori et couvert de bleus jusqu'à la fin de l'été qui nous avait envoûtés ?
Te rappelles-tu ce rocher majestueux qui surplombait la vallée de toute sa beauté imposante ?

Carillon

Le carillon en bambou tintinnabule doucement au gré d'une brise câline
chant apaisant qui perce le silence de sa quiétude sereine
et dissout ce spleen insidieux qui m'a troublé.
Je ne sais qui je suis ni où je vais
seul le vent connaît ma vérité d'être
je ne suis qu'un enfant de l'Éternité
je suis si jeune et si vieux à la fois.
Le carillon m'enchante et je pense à toi…

Berce-moi encore

De ta douceur rédemptrice, berce-moi encore dans la matrice de mon devenir. Tu es l'ineffable actrice de mon cœur et la rayonnante salvatrice de mes peurs. À tes côtés, mon amour, j'explore sans jamais me lasser « l'immensité de l'infinie Voie lactée ». Celle que j'ai découverte dans tes yeux au velouté azuréen. Berce-moi encore de tes paroles à la saveur d'éternité et dis-moi encore des tendres vérités. Tant n'est que cendres et déchirements d'esprits en mal de sérénité. Nous sommes des enfants en quête de vérité. La nôtre. Celle qui ne cesse de nous interpeller à chaque instant qui nous est révélé. Nous sommes si petits et si grands. Sens-tu l'avenir qui nous attend ? Berce-moi encore de ton corps transcendant.

La venaison

Déguster la venaison échevelée de nos corps exubérants dans une agape endiablée
Où nos chairs crues s'inventeraient
Des horizons déchaînés à la crudité enivrante – autant que faire se peut...
Gibiers de pitance sont nos sens incarnés
Car nous sommes les chasseurs de nous-mêmes jusqu'au hallali effréné...
Pour faire flèche de tout moi afin de fendre la cible de tout toi...
Tout n'est que lubriques fenaisons dans un lit en friche qui s'en fiche de nos halètements emballés...
Tout n'est que bandaison en toute saison lorsque la femme traque la pâmoison...
Et rien n'est la faim de tout
Même si l'esprit feint une indifférence à nos déraisons galopantes...

C'est sûr

C'est sûr, il peut peu et elle aimerait tant
certes avec raison elle a tellement d'entregent sensuel
C'est sûr, il voudrait lui en donner bien davantage
mais il en a déjà tellement peu à s'offrir à lui-même
C'est sûr, il en rêve si souvent d'être virevoltant
car il en fait tellement de fantasmes insolents
C'est sûr, il aimerait être un amant incomparable
mais il n'est qu'un aimant « irréprochable »
C'est sûr, c'est déjà tellement inestimable

pourtant il est des jours où c'est bien insuffisant
C'est sûr, il a connu tellement de femmes
sur son corps ardent mais c'est elle sa flamme
et son intarissable présent

Mail apaisant

Il est paumé. Profondément désespéré. Écartelé dans ses doutes. Ses questionnements. Ses dilemmes. Il est déchiré. Il est seul. Seul avec lui-même. Avec ses doutes. Ses questionnements. Ses dilemmes. Seul dans la chambre obscure. Comme ses pensées. Au-dehors, la nuit est noire, pas une étoile au firmament, que des nuages menaçants. La nuit est noire. Comme ses idées. Il est paumé. Il cogite. Il ressasse. Il rabâche. De sombres sentiments émotifs. Il n'est qu'émotions et déchirement. À vifs. Désarticulés. Tensions. Son corps n'est que tensions et sourdes frustrations. Son être n'est que tensions et interrogations. Sur lui-même. Il est seul. Il se sent très seul dans la chambre obscure et le lit vide à ses côtés. Désespérément vide. D'elle. Cette nuit-là. À ce moment-là. Il se sent étreint. Dans une solitude oppressée. Si oppressante. Il tourne en rond. Il tourne en bourrique. Il tourneboule. Dehors, il pleut. Enfin, l'air se rafraîchit. Pourtant, il suffoque. Il est perdu. Elle lui manque. Il se sent creux. Il se sent vain. Il se sent un poids. Un empêcheur de tourner en rond. Il se sent de trop. Il est broyé par des émotions contraires. Il a mauvaise conscience. Il doute car il a mauvaise conscience. Conscient de ses limites. Conscient du poids qu'il peut représenter pour elle. Pour les autres. Et pour lui-même. Mais surtout pour elle. La nuit est tombée et le salmigondis de ses pensées s'agite. S'entrechoque. Chaos mental. Il est seul. En quête de sommeil. D'apaisement. En quête des mots qu'elle lui écrit finalement le lendemain. Qui le bouleversent. Qui le rassérènent. Il n'est plus seul. Il y a elle. Intensément elle. Dehors, le soleil brille de mille feux. Le ciel est bleu. Comme ses yeux. Comme l'avenir qu'elle lui offre. Il n'est pas seul. Ils sont deux. Ils sont un. Ils sont tout. Ils sont faim. Ils sont.

Elle donne

Elle lui donne du plaisir
Fort bien et même délicieusement
Mais elle ne fait pas l'amour
Ou si peu si parcimonieusement
Certains corps sont si peu emballants
Le sien en fait partie
Il le sait bien il est sans illusion
Pourtant il rêve de fusions
Il aimerait être irrésistible
Un corps de feu un cœur de cible
Hélas il est bien peu engageant
Il est un piètre amant
Elle lui donne du plaisir
Et bien davantage encore
Mais son corps reste en suspens
Elle a un sexe qui attend
Pendant qu'elle donne tant et tant.
Et que lui se repent d'être handicapant.

Rupture

Rompre les chaînes de l'anormalité et se soulager du poids de se sentir de trop, rongé par une culpabilité insidieuse d'exister.
Se libérer de soi-même afin de s'ouvrir à la sagesse d'un présent porté par un amour que le futur aspire vers la douceur du jour.
Reprendre son souffle. Reprendre pied. Reprendre sens. Reprendre corps.

Ivresses pornographiques

C'est une piscine pleine d'eau – hélas ;
à l'heure de l'apéro – youpi ;
il tient un verre de rosé d'une main
et son esturgeon frétillant de l'autre – tralala ;
le soleil est chaud et plein d'aplomb.
Sa moitié ou son quart – car il partage –

s'accroche présentement au portemanteau
baraqué qui est en train de lui offrir
une virée aquatique bien acrobatique.
Elle soupire elle gémit – youpi ;
ils font des vagues grâce au gourdin
qui la fait bondir tel un cachalot.
Le verre de rosé a un goût d'encore.
En dessous agenouillée – tralala –
la plantureuse meuf du beau baraqué
le suce désormais pendant qu'il sirote
sa jouissance avec avidité.
Avant de se répandre sur les cétacés exténués.
Au bord de la piscine l'eau s'est calmée…

Élégance sensuelle

Rien n'est plus beau que deux femmes qui s'aiment. Plus élégant que deux femmes qui s'émeuvent. Ni plus troublant que deux femmes qui s'essaiment. Égrenant leur volupté en un chatoiement de sensualité. Beauté incarnée aux galbes de reptiles que le regard exhorte d'une vénération homophile. Exultation esthétique de bouches voraces aux lèvres pulpeuses. Mains véloces aux caresses soyeuses. Et cet inénarrable entrelacs d'altérités semblables dans un enivrant jeu de miroirs haletants. Sans emphase, deux fleurs s'épanouissent. Et deux boutons surgissent sous les assauts subtils de langues volubiles. Grisante exploration intime dans un jaillissement de seins aux tétons rugissants. Tout n'est que grâce et exaltante plénitude sur la vague dansante d'envolées sauvages où les corps s'illuminent.
Je me sens démuni dans ma peau de mâle subjugué par la beauté fascinante de femmes au doigté aérien, et libérateur de mes songes ligotés au destin.
Rien n'est plus beau qu'une femme qui jouit. Cambrure vertigineuse et regard qui s'échappe, le temps d'un éblouissement de chair et de sens déchaînés, vers des cimes insondables pour un hominidé. Emportée par un déploiement de gorge qui s'emballe avant de s'éteindre, essoufflé et reconnaissant. Elles sont si belles dans leur nudité saphique.

Je me sens si rustique devant une telle maïeutique sensuelle !
Et que mes fantasmes semblent alors tellement cosmétiques...
Sur l'écran, la vidéo est suspendue à l'image de corps extatiques !...

Le téton gourmand

Lorsqu'un téton tète un gland énamouré
à la vigueur époustouflée par tant de subtilité
voyez comme il hume le sein qui lui est donné
il en perd la tête et les moyens de résister
bavant d'aise et piaffant d'impatience
à l'idée de se répandre sur cette mammaire engeance
quant au téton tout aréolé de gloire
il lape la semence soudain déversée...

Il est des jours

Il est des jours, il est des temps, il est même des vies où rien ne va, où tout s'en va dans les catacombes d'esprits tourmentés à satiété. Il est des jours où il faudrait se méfier de ses propres pensées, d'un afflux trop inconsidéré d'émotions déchirées et déchirantes. Corps oppressé jusqu'à la suffocation, le cœur étreint par un trop-plein de rétentions et de frustrations surannées. Tension corporelle, dépression charnelle, le sens se délite dans un vil chaos conflictuel. Les certitudes chancellent, les doutes s'amoncellent, la raison vacille, brassés par une canicule de saison. Surtout ne pas se briser sur les écueils de la sensualité. Il est des jours où il faut tenir le cap pour ne pas céder à une détresse débridée. Ne pas confondre vérité et réalité. Vérité posthume et réalité postiche. Rien n'est plus faux que ce que l'on pense être vrai. Les certitudes vivent le temps que les doutes s'incrustent dans les sombres relents d'un triste pastiche de soi-même. Je pense donc je suis les méandres affectifs. Ne pas s'égarer dans les décombres d'un passé trop présent en un recoin de son être écervelé. Au fond de son âme réside toujours un havre de spiritualité qui ne demande qu'à germer. Il est des jours où il faut espérer en sa liberté...

Apollon

Un sombre soleil brûlait des pensées asphyxiées.
Le ciel était limpide pourtant.
Pas un nuage à l'horizon, à peine quelques vols d'oiseaux le striaient par moment.
Le soleil avait la couleur des émotions délétères qui le taraudaient.
Elle avait finalement peut-être raison ; il y a bien longtemps certes mais c'était hier en lui à cet instant.
À l'entendre, il se prenait pour un Apollon à toujours attendre l'impossible.
Espérant devenir un corps de cible.
Lui assénait-elle sans ménagement.
Lui qui voulait vivre une liberté ivre d'elle-même.
Expérimenter des mouvements utopiques.
Un sombre soleil rutilait sur une âme en suspension.
Peut-on échapper à sa condition quand elle est enfermée dans une prison ? Verrouillée sans rémission.
Il est des deuils qui suscitent l'insoumission jusqu'à la déraison.
Souffrance insane du renoncement face à une femme maorie pleine de feu et de douces folies.
Somptueuse guerrière aux pieds d'argile et à l'esprit d'airain qui traverse la vie tel un refrain.
Il est des résistances aussi vaines que de vouloir arrêter le temps.
Destin déconcertant.
Nom de Zeus, Apollon se meurt insensiblement !
Il reste les promesses de Prométhée, le foie rongé par sa réalité.
Tout n'est que renaissance.
Sous un sombre soleil, un Phénix s'enflamme...
Transcendance amoureuse.

Le routier

Je suis un routier des étoiles au loup qui s'étiole
fière solitude gravée dans la chair
telle une identité engendrée par la terre
je roule par tous temps à tombeau ouvert
sur des chemins qui mènent jusqu'à la mer
je suis un océan qui foule le bleu du ciel
d'un pas nonchalant que le loup domine
corps solitaire et cœur solidaire
je suis un routier qui chemine
dans ses insondables mystères
le regard posé sur sa femme maorie
comme si c'était l'étoile de sa vie.

Danser nu

Danser nu sous la lune le regard ivre d'étoiles
Danser nu à perdre haleine dans les bras grisants d'un vent d'été le corps éperdu les pieds trépidants sur le sable enjoué pour n'être plus que mouvements et déhanchements effrénés
La brise le lèche et le caresse sans bruit
Il est Un il est Tout fondu jusqu'à l'essoufflement dans l'Infini qui l'engloutit
Il est Vivant tétons assoiffés de liberté et de voluptés quand il s'érige sans retenue et s'éjacule sans un cri
La danse le grise avec sauvagerie sous la lune ivre de lui
Il est libre dans sa solitude de danseur fou d'elle
Il peut vivre il a des ailes !

Être sexué

Être sexué et puis ?
Être sexué pourquoi ?
Autant devenir cénobite et
se masturber la foi à coups de prières
à chaud dans une lumière solitaire à froid
car il n'y a que l'immatériel pour juguler les cris
de la chair qui s'ennuie et des sens qui hurlent sans répit
Dis-moi l'ami toi qui es un eunuque
crois-tu que le soleil
est un astre sexué lui
aussi ardent que je le suis ?
Être sexué et puis ?

Bégaiement existentiel

Il voulait   il aurait voulu   s'il avait pu   si la vie avait été   si le jour   si la nuit
    mais ni la nuit ni le jour   s'il pouvait   s'il savait   quoi ?   il voudrait
            comment ?   pourquoi faire ?   un petit tour en enfer ?   celui de sa chair
                il ne sait plus   a-t-il jamais su ?
    a-t-il jamais voulu savoir ?   le sens
                renoncer   se détacher
        inflexible sagesse   deuil des boyaux
                    il veut il ne veut plus   il pourrait peut-être   mais
                            ne peut plus
    ne sait plus   a-t-il jamais su ?
tout se brouille tout se lacère   tout lancine   dans   son esprit en perdition   il n'est plus que tensions !

Sous l'arbre

Sous l'arbre
il pleure
intérieurement
le corps désexué
sacrifié sur l'autel de l'impossibilité
privé de souffle et de légèreté
lamento
sous la frondaison désolée
Il est désemparé
chaos abyssal
ardente atonie
dans un cœur assommé
sous l'arbre de la vie
Le regard errant
chancelle
intérieurement
il s'enfonce dans l'herbe
lentement
Sous l'arbre
le temps est en suspens
au-dessus de ce moine
qui a oublié d'être croyant

Poissonnerie

À mon inspiratrice lumineuse

Il est des aquariums bouillonnants d'orgies où une faune bigarrée frétille en tous sens autour du fretin, dans les encoignures sombres d'une vénalité radicale enrobée de viles bacchanales. En ce lieu noir où l'on rit jaune, une vieille morue plie la queue repue de son maquereau de mari qui perche sur son derche à cru, tel un hareng essoré par une nuit d'amour blanc, bien trop arrosée, qui les aurait surpris au pied de leur lit océanique, quand ils ont joui sans un cri afin de ne pas réveiller les petits, et ne pas boire la tasse aussi. Mais ce maquereau n'est qu'un requin rôdant autour de proies à peine vêtues, car écaillées de près par un merlan éperdu à la raie coiffée au milieu de nulle part. Ce maquereau salace, tel un loup de mer voguant dans un aquarium à nique, est halé vers son lupanar par un mulet exotique aussi barbu que bavard. Pendant que sa morue, au fond d'une épave, harponne un brave dauphin détrôné sans aucun égard. Ici, on nage dans l'eau trouble d'un stupre poisseux. Tout est si grand dans l'infiniment petit et tout est si petit dans l'infiniment grand quand la vie n'est qu'un beau foutoir. Et avec ça qu'est-ce que je vous sers ? Une queue de langouste fera l'affaire, dis-je à la boulangère.

Moral

Entre ombre et lumière sur un coin de la Terre
l'esprit ailleurs le corps broyé et l'âme étranglée
à l'heure où l'on est son propre mystère
à force de ne plus savoir qui l'on est ou à ne plus oser l'être
de crainte de faire des vagues ou des dérangements intempestifs
D'ÊTRE DE TROP PAS À SA PLACE UN POIDS PESANT
Entre ombre et lumière chercher un peu d'air
Quand l'esprit s'ébouillante même le ciel est une prison.
Être n'a plus d'horizon, confiné dans la déraison de ses émotions.
Instant terrible où l'on se cherche autant que l'on cherche l'autre
ce cœur précieux qui seul offre des certitudes malgré les doutes.
Ne pas s'arc-bouter sur les doutes qui inondent la raison. Surtout pas.
Un jour son volcan s'éveillera répandant sa lave sur mon corps en joie.

Surdité

Isolement insolation auditive dur de la feuille écoute gluante...
environné de paroles en l'air qui alimentent une surdité indigente
ces lèvres qui articulent en émettant du bruit
paroles indistinctes émises dans une cacophonie qui ennuie

dépité je suis un malentendant résigné à n'entendre que des bribes
répondant au hasard pour ne pas faire répéter
par lassitude de la trompe bouchée à l'émeri
rêver rêvasser songer fantasmer divaguer projeter imaginer planer
seul avec soi-même
afin de ne pas sombrer dans une solitude peu amène.

Construire

Construire sa vie
en tissant les jours
de fils de soi
et de velours
Bâtir un amour
à bras le cœur
le regard vibrant
d'un subtil bonheur
À tes côtés
je me sens maçon
du temps
et du mouvement

Concerts sous la lune

Rock. Pop. Décibels rythmées par des mains qui scandent en chœur et en cadence au milieu du brouhaha enjoué d'un public nageant en plein ravissement. Sur la scène, les fauves sont lâchés, indémodables et à peine décatis. Rock. Pop. Mélodies réjouissantes aux riffs endiablés agitant les corps électrisés de leurs sonorités imprégnées de culture venue d'ailleurs. Rock. Pop. Entre Afrique et Occident, les fans trépident en une symbiose frénétique.
Je suis immergé dans un aquarium de sons et de lumières. Ici, le temps d'une extase mélodieuse, l'éternel et le temporel se fondent. Je plane à donf. Indicible ivresse procurée par des guitaristes inspirés et grisés par leurs envolées lyriques.

Jouissance. Je suis happé. Entre ciel et terre. Je bouge. Dans mon îlot musical.
Difficile d'atterrir quand le silence revient et que les spots ont cessé leurs délires psychédéliques.

Restaurants

Jour de fête
    jour de joie
        toi et moi   juste toi et moi
assis à une table nappée dans un décor poétique
des arbres pleurant déjà l'automne qui s'annonce inexorablement
et la prairie en fleurs   en pleine ville   le bonheur
    dans une quiétude rafraîchissante
gastronomie la beauté des plats et leurs bouquets ineffables   le bonheur
    la vie est belle assurément
        gastronomie quand tu nous tiens je retiens mon souffle et je deviens esthète
        la bouche en émoi et le cœur entre tes bras
C'était du côté de chez Anne en 1741, dans l'auberge de l'Ill, un jour où l'écrin des saveurs a fleuri...
        Savourer la vie.

Détresse virulente

Envahi d'envies avides de la vider de sa vacuité évidée de toute vitalité
arracher ses réticences
la prendre sauvagement
le cœur ahanant le corps haletant
se déverger l'esprit
de cette folle démence
qui hurle dans les sens
tel un cri de dépit
surgi des entrailles.
Il y a des nuits interminables.

Insidieuse

Se résigner à renoncer
à la légèreté des sens
par absence de légèreté.
Autocastration sensuelle
et cette insidieuse dépression
qui l'oppresse jusqu'au vertige
trop de vide étreint le plein
le trop-plein des attentes décharnées
tant d'ententes et si peu d'envolées
la chair asphyxiée jusqu'à l'insoutenable
arpenter son abstinence hagarde
le corps en lambeaux de n'exister que
par procuration   et encore.
Se résigner à renoncer
afin de ne plus être coupable
d'être trop vivant   trop désirant.

Morts stupides

!
Ados
morts
alcool
accident
stupide

La route était droite. Le temps était clair. Une nuit d'été paisible. Il était tard, il était tôt. Trop tôt pour mourir bêtement. Sur une route droite. Dans un bas-côté verdoyant. Vies détruites sous une lune si vivante. Parents abattus en pleine insouciance. Bonheur ensanglanté.

Stupide
accident
alcool
morts
ados
!

Allez savoir pourquoi

Allez savoir pourquoi la vie parfois vous prive de certaines joies
Existence faite de « trop » et de « pas assez »
de manques opprimants et opprimés
Sexuellement inexistant sensuellement inopérant
moralement titubant
dans les méandres du temps et des interrogations existentialistes
Il y a des monts inaccessibles à certains corps
Il faut mourir pour être vivant
mourir à soi-même et à ses disettes indigestes
elle compense il décompense
pour n'être plus qu'une ombre discrète
ne pas être de trop ni pas assez
allez savoir pourquoi la vie parfois vous prive de certaines joies

Solsbury Hill

Le paysage défile
la route file
sous les roues qui foulent
l'asphalte sans fin
L'horizon avance
dans l'habitacle la musique danse.
Les soleils sont morts
les céréales sont engrangées
plus que du maïs assoiffé
à perte de vue.
Le paysage défile
sous un ciel rayonnant
dans l'habitacle la musique chante
allègrement.
Rien n'arrête le temps qui file inexorablement.
Autant vivre intensément
mon amour.
Le Sud nous attend.

Amy

Foudroyée d'avoir été mal aimée
Terrassée d'avoir été mal entourée
Brisée de ne pas avoir su résister
Broyée de ne pas avoir su s'affirmer.
Il faut de la force pour vivre parfois
beaucoup trop de force
pour une âme en mal d'être.
Désormais il ne reste que le souvenir
d'une voix qui chantera inlassablement
d'une voix tellement prenante
tant que des mémoires seront vivantes.

Absence

Il regarde son absence. Il fait nuit. L'air respire. Elle est
ailleurs. Elle rit, elle dîne, elle donne. De la joie.
Elle est indécise
                elle aimerait bien mais elle n'y arrive pas.
Quelque chose la réfrène insensiblement…
Il attend, il espère. Qu'espère-t-il encore ? On espère toujours
tant qu'il subsiste une infime lueur de joie.
Elle aimerait mais
                elle voudrait mais.
Quelque chose regimbe en elle…
Elle attend quoi ? Elle attend qui ? Elle avance. Elle recule.
Le regard vacille. Elle renonce. Elle refoule.
Elle est indécise
                il aimerait tant mais elle n'y arrive pas.
Elle n'est que chair et sensualité…
Il a regardé son absence. Il faisait nuit. Elle est revenue sur un
malentendu. Elle est revenue toute nue.
Leurs voix se pénètrent
                jouisseurs impénitents du verbe ils
sont.
Corps en alerte, corps en attente, corps désaccordés, corps en
apnée, corps essoufflés, corps désincarnés.
Ils sont corps et âmes
                ils s'aiment corps et âme

ils sèment et essaiment
la vie
leur vie
.

Pourquoi

Pourquoi lui
pourquoi s'enchaîner à toutes ces contraintes
pourquoi cet amour buissonnier
pourquoi se réprimer
pourquoi lui
sur plusieurs milliards de possibles ?
Pourquoi ?
Interrogation aussi indélébile que débile
car
comme la feuille suit le sens du vent
l'homme s'inscrit dans les pas de l'amour
que la femme dessine en des méandres cabalistiques.
L'Autre seul détient la réponse...

Orgie

Sexes suspendus dans leur vacuité
au-dessus d'un horizon sans fenêtres
juste une quête indéfinissable
et indécise
sexes répandus sur leur déconvenue
cherchant l'issue du temps qui passe
le bonheur est nu quand l'aube
soudain s'efface

Mauvais temps

Le ciel est si poisseux que l'on pourrait essorer les nuages en tendant les mains.
Que sont les certitudes ? Des coins d'horizon bleu qui percent entre les nues, s'estompent jusqu'à se diluer dans des doutes inconfortables pour réapparaître plus éclatantes encore ? Avant de devenir des convictions mesurées par la sagesse du temps qui

passe. Car les certitudes ne durent qu'un temps si elles sont mises à nu. Nous sommes la somme de nos convictions remisent à flot par le flux des tempêtes existentielles.
Elle souffre. Terriblement. Le ventre déchiré, noyé de larmes charnelles. Pleurs de douleurs impuissantes. Ne rien pouvoir faire, même pas la câliner. Juste regarder souffrir l'amour démuni, en spectateur désolé. Le coût du désir d'enfanter. À quel prix cependant ? Outre haletante et grimaçante sous les assauts répétés des maux abdominaux et abominables. À quand la délivrance… du spectateur, pitoyable contemplateur ébranlé de n'être que présent, avec des mots creux pour recouvrir ses halètements et ses constants sursauts de stridences corporelles. Tout compte fait, égoïstement, n'est-il pas plus simple de souffrir que de voir souffrir ? Ironique paradoxe humain. Tu dois faire avec certains maux et attendre qu'ils daignent passer leur chemin.
Le ciel sanglote tant qu'il est impossible d'éponger ses larmes mais elle s'échappe tout de même de la prison, ses douleurs en bandoulière. Je suis à côté d'elle. La route défile. La vie reprend son chemin d'ombres et lumières. Nous sommes.

Apparence trompeuse

Je m'insupporte tellement certains jours devant la noirceur des pensées insanes et infectées d'immondices limbiques qui me happent. Je ne suis pas sage. Je ne suis pas grand. Je suis un petit humain qui se débat dans son humanité. Qui se démène. Qui s'englue. Qui s'égare. Et se salit la conscience. Se meurtrit l'âme. Je suis comme tout le monde. Ni pire ni mieux qu'un autre, comme il y a quarante ans… Je suis constant, je suis moi-même. En plus vieux, en plus réfléchi. Plus conscient de mes limites et sans complaisance. Pourquoi me fuir ? Pour m'échapper de qui ? Je m'insupporte tant certains jours devant certaines pensées qui m'échappent mais que j'ai bien pensées, même fugacement. En théorie, tout est si lumineux. Mais en pratique tout est si fastidieux au fond de mon être qui remugle par moment, dépassé par moi-même. Certes, ce ne sont que des pensées. Elles m'appartiennent. Cependant, elles polluent ma lumière à me désespérer de porter en moi cette part d'ombre paradoxale et contradictoire.

Si facile

Musique virtuose sous des doigts qui voltigent avec espièglerie. Fazil Say, un enchanteur moderne. Le pianiste ludique et céleste. God save the king ! L'allégresse est universelle. Comme la liberté, malgré les barreaux idéologiques, mercantiles, dogmatiques et religieux. Et ce sourire ottoman qui virevolte au-dessus des touches, tel un derviche qui fait tourner la tête dans des envolées d'un lyrisme sublime. Et subjuguant. J'ai découvert un génie du bonheur. J'ai découvert un créateur libre. Au détour d'une lecture. Inch'allah ou Dieu soit loué. Il n'y a pas de hasard, il n'y a que des rencontres. La musique vibre de son infinitude. Dans un silence soudain mélodieux. Compose encore !

Affecté

Comme une morsure
dans la chair du cœur qui se contracte
hurlant sa douleur muette
Trahison ! Méchanceté ! Mesquineries…
L'enfer du décor est toujours pavé de mauvaises intentions
Je suis mal
le cœur serré par trop de stress émotionnel
battant à rompre
Tôt ou tard un être se révèle
parfois sous la pire apparence
Il est de sombres engeances
dont la perfidie n'a d'égale que le poids de leur malheur d'exister

                                                                                                  p
                                                                                                ar
                                                                                                lâch
                                                                                                eté.

Mon cœur est ensanglanté
la confiance laminée.
Triste fin.
Ne pas m'appesantir. Laisser le cœur vivre sa vie.
Loin de ce mal pernicieux. Ne pas flancher.
je suis.

« Le... »

Prends-le   s'il te plaît, prends-le   soulage-le   d'exister
     de si imparfaitement exister
embrasse-le   enfouis-le   engloutis-le   vide-le
     par amour   par désir
par petits ou grands soupirs   saisis-le
     empoigne-le pour le regarder intensément
jouis   jouis-le   s'il te plaît, jouis-le   en jouissant
de lui   de le faire jouir
éclaboussant ta bouche ou tes flancs somptueux
     embrase-le du feu qui te ronge
     et me consume d'un éblouissement infini…
Est-ce lui qui se meurt en se pâmant d'amour à ta seule vue ?
     Ou moi ? Ou peut-être nous ?
Ne dépéris pas ma douce hirondelle, surtout ne dépéris pas,
     le printemps déploie toujours ses ailes,
   le printemps est en nous, le printemps est partout.
     Quelque chose en moi prie
         Dieu sait qui.
   Le cœur tambourinant au fond de mon impasse.

« Il »

Elle l'a pris   doucement   avec appétence et   dès lors   le cœur s'est mis à tambouriner au fond de son espace   elle l'a pris   câline comme une nuit de lune épanouie   don suprême   Il s'est laissé saisir   les sens soudain en éveil sous un soleil nocturne   il s'est laissé surprendre tel un aimant aspiré   elle l'a englouti   simplement   avec voracité   il se tend tant elle l'inspire   elle le conspire en gémissant   il se rend   il se répand d'allégresse   il revit plein d'émois et de joies.
Il respire. Il retrouve du sens à son essence égarée. Elle est belle, drapée de sa fluide nudité. Affable et douce générosité d'un cœur à l'unisson. Il erre en lui-même, dans une ineffable sérénité. Épure amoureuse. Ils se sont rejoints. En une déclaration sublime.

La noirceur

Mordre la main de celui qui les caresse
l'âme sombre et nauséabonde le regard mauvais de ceux qui ont égaré leur lumière
tout sens de l'amour donc du bonheur
et du respect d'eux-mêmes
Ô cette noirceur surgit des profondeurs de l'ombre qui les habite
tel un mal cancéreux
vilenie gratuite pour meurtrir détruire se vider de trop de rancœur de non-dits purulents comme s'ils suffoquaient au tréfonds de leur être convulsé
Vomir sentencieusement son fiel avec une morgue froideur
Comment peut-on être aussi méprisant faux sournois et mesquin ?
Comment ?
La réponse n'appartient qu'à la parole meurtrière et à celui qui la régurgite
en mourant à lui-même
la cible vacille
et se redresse
lentement. Elle essaie. Avec peine. Beaucoup de peine. Le cœur ensanglanté.
Empoisonnée par tant de noirceur

Son séant

La pulpe généreuse de ses hémisphères charnus, où se nide l'antre moite et infinie d'une jouissance vitale au mystère occulte, caresse mon regard inlassablement conquis. Indicible attirance, mélange de séduction et de désir. Ses fesses chaloupent et je chavire. Ma raison raisonnante passe par-dessus bord. Je ne suis plus qu'un matelot sans bouée de sauvetage qui n'a guère envie d'être sauvé de l'échouage qui le guette. Elle n'est que grâce et volupté. Un univers à elle seule. Mon intense stratosphère sensuelle et lumineuse. Dès que l'amour se meut d'un pas dodu et somptueusement délicieux, la vie s'éclaire soudain d'un sourire malicieux.

Ravissement des sens et de l'être tout entier vibrant au rythme alangui de cette ode visuelle. La beauté a des charmes insondables. Mes yeux dansent en symbiose avec sa croupe si élégante que tous les fantasmes prennent place sous le chapiteau de mes pensées affamées. Je l'aime telle qu'elle, de préférence sans le moindre apprêt. Son petit cul dodelinant avec une jovialité primesautière et légère. Ô séant abyssal qui retient mon souffle animal. Je suis la sentinelle de mes béatitudes. Elle est ma liberté.

Ses seins

Se souvenir de ses seins
se rappeler de ses tétins
ne pas oublier leur velouté généreux
la saveur de leur chair moelleuse à souhait
que le temps n'effacera jamais
mémoire indicible d'une attirance comestible
pour ses seins qui s'échappent et qui reviennent
comme un cœur de cible sur mes prunelles diluviennes
se souvenir et tendre la main vers tant de générosité
le paradis n'est pas loin de la lumière de ses coings
à la frange d'une félicité que mon regard contemple
avec tant de plaisirs amples

Fibrillation

Ce manque morose qui s'interpose entre nos sens et nous
et nous indispose au bord des nues
le temps chevauche la vie à cru
je ne sais plus qui je suis   l'ai-je jamais su
je sais simplement que je t'aime
toi qui traverses ma vie comme un poème
en vers libres.

Cœur

Palpitations. Émotions. **Trop-plein d'émotions.** Tu bats si fort. **Trop fort.** Tel un séisme dans la poitrine, l'impression que tu veux t'enfuir, t'échapper de ta prison trompeuse, de ce tas d'os mal charpenté qui te sert de véhicule momentané. **Palpitations infernales.** Suffocation subite de l'être. **Saturations.** De tous ces mal-être environnants, tellement vindicatifs et purulents. **Pollution de l'âme trop faible pour se prémunir.** La méchanceté est un mal rampant. **La huitième plaie d'Égypte.** Palpitations et décomposition. Mourir à soi. Encore et toujours mourir à soi afin de laisser l'Autre naître en soi. Naître différent à chaque fois. Naître différent aux cieux des autres. Peut-être surtout des autres ? Même à ceux qui polluent alentour en ce polluant chaque jour un peu plus. **Le cœur rugit.** Le cœur bondit. **Autant vers la vie.** Que vers la mort de ce qu'il n'a pas compris. **Mais comprend-on jamais vraiment la vie ?** Son sens caché. **Son rire occulte.** Je suis qui je puis. **Mettre tout mon cœur à l'ouvrage d'une existence qui se construit entre afflictions et fracas gothiques.** Sur un horizon d'humanité et d'affections baroques. **Le hasard n'existe pas.** Moi peut-être non plus. **Je suis et je vais conduit par l'amour.** Que valent alors tous ces bruits et cette fureur mortifères ? **Des palpitations qui cherchent la sortie, rien de plus, rien de moins.** La Vie en somme. **Chahutée par une bourrasque amère et passagère.** La vie. **Auprès d'elle et de nous.** De vous également. **De ce jour qui se lève vaillamment chaque jour.** *Je l'aime tant !* Mourir à soi. Pour mieux renaître autre. Autrement plus libre. Autrement plus lumineux. Autrement plus vrai. Plus serein. Bien plus serein qu'avant le cataclysme du tambour qui bat la chamade sous le choc d'une bien sombre trahison. Mais qui trahit qui ? Palpitations. Rédemption. Résurrection. La vie suit son cours.

Je t'aime mon amour.

Renouveau

    Depuis que tu es   femme de mon cœur   je suis !
Depuis que tu respires en moi   femme de mon cœur   je vole avec le sourire des hirondelles…
Ces hirondelles   femme de mon cœur   qui sillonnent l'azur de mon Céleste horizon.
Ces hirondelles   femme de mon cœur   qui annoncent un printemps aussi éternel que nous.
Que nous qui sommes   femme de mon cœur   la somme de nos cœurs en pâmoison.
Je te regarde et je renais à chaque contemplation   femme de mon cœur   tel un bourgeon de bonheur.
Que je te contemple   femme de mon cœur   et le monde chavire d'un amour où la sève du désir revit.
Le jour s'éveille   femme de mon cœur   le   jour s'assoupit   femme de mon cœur   et nous ?
Et nous   femme de mon cœur   nus   comme   au premier jour   nous   nous rions en chœur.
Rire d'amour choral   femme de mon cœur   que le temps suspend à nos étoiles   fleur de mon être.
Je me relève toujours de mes cendres   femme de mon cœur car la vie nous encense de lumières et
    nous accompagne avec foi et ardeur aux confins de nos
                    ferveurs
femme de mon cœur.

Du même auteur

Autobiographie
À contre-courant, 1ᵉ édition, Desclée de Brouwer, 1999. 2ᵉ éditions, Worms, Le Troubadour, 2005 (épuisé).
En dépit du bon sens : autobiographie d'un têtard à tuba, préface ONFRAY M., Noisy-sur École, L'Éveil Citoyen, 2015 (épuisé)

Poésie
Toi Émoi, Worms, Le Troubadour, 2004
Corps accord sur l'écume Worms, Le Troubadour, 2010
Ikebana effervescent, Worms, Le Troubadour, 2012
Le jeune homme et la mort, Worms, Le Troubadour, 2016
Les chemins d'Euterpe, Autoédition MN, 2018
Divins horizons, Autoédition MN, 2020
Femmes libertés, Autoédition MN, 2021
Allègres mélancolies, Autoédition MN, 2021
Les foudres d'Éros, Autoédition MN, 2019
Sérénité, Autoédition MN, 2019
L'existentialisme précaire d'un têtard pensant, Marcel Nuss, 2018
Chroniques poétiques, Autoédition MN, 2021
Le quotidien des jours qui passent, Autoédition MN, 2020
Aveux de faiblesses, Autoédition MN, 2022
Récoltes verticales, 1999-2002, Autoédition MN, 2022
Élégie sans lendemain, 2002-2008, Autoédition MN, 2022
Femmes libertés, 2011-2013, Autoédition MN, 2022
Les runes de l'amour, 2011-2012, Autoédition MN, 2022
Allègres mélancolies, 2013-2016, Autoédition MN, 2022
Les foudres d'Eros, 2015-2016, Autoédition MN, 2022
Sérénités, 2017, Autoédition MN, 2022

L'existentialisme précaire d'un têtard pensant, 2018-2019, Autoédition MN, 2022
Chronique poétique, 2020, Autoédition MN, 2022
Le quotidien des jours qui passent, 2021, Autoédition MN, 2022

Essais
La présence à l'autre : Accompagner les personnes en situation de dépendance, 3e édition 2011, 2e édition 2008, 1e édition 2005, Paris, Dunod.
Former à l'accompagnement des personnes handicapées, éditions Dunod, 2007 (épuisé).
Oser accompagner avec empathie, préface COMTE-SPONVILLE A., Paris, Dunod, 2016
Je veux faire l'amour, Paris, Autrement, 1ère édition 2012, Autoédition, 2e édition 2019.
Je ne suis pas une apparence, Autoédition MN, 2021

Romans érotiques
Libertinage à Bel Amour, Noisy-sur-École, Tabou Éditions, 2014 (épuisé)
Les libertines, Paris, Chapitre.com, 2017 (épuisé)
Le crépuscule d'une libertine, Paris, Chapitre.com, 2018 (épuisé)

Réédition en version originale :
La trilogie d'Héloïse, Autoédition MN, 2021
    1 Con joint
    2 Con sidéré
    3 Con sensuel

Nouvelles
Cœurs de femmes, Paris, Éditions du Panthéon, 2020
Ruptures, Paris, Éditions Saint-Honoré, 2021
Incarnations lascives, Autoédition MN, 2021

Sous le pseudonyme de Mani Sarva

Horizons Ardents, Paris, Éditions Saint-Germain-des-Prés, 1990 (épuisé).
Divine Nature, prix de la ville de Colmar 1992, Éditions ACM, 1993 (épuisé).
Le cœur de la différence, préface JACQUARD A., Paris, L'Harmattan, 1997

Essais en collaboration avec :
COHIER-RAHBAN V. *L'identité de la personne « handicapée »*, Paris, Dunod, 2011
ANCET P. *Dialogue sur le handicap et l'altérité : ressemblance dans la différence*, Paris, Dunod, 2012

Essais dirigés par l'auteur
Handicaps et sexualités : le livre blanc, Paris, Dunod, 2008
Handicaps et accompagnement à la vie sensuelle et/ou sexuelle : plaidoyer en faveur d'une liberté !, Lyon, Chronique Sociale, 2017